名士自风流

中国古代隐士传

李靖岩 著

中国友谊出版公司

图书在版编目（CIP）数据

名士自风流：中国古代隐士传 / 李靖岩著．
北京：中国友谊出版公司，2025.6. — ISBN 978-7
-5057-6107-0

Ⅰ．K820.2

中国国家版本馆 CIP 数据核字第 2025HJ1234 号

书名	名士自风流：中国古代隐士传
作者	李靖岩
出版	中国友谊出版公司
发行	中国友谊出版公司
经销	新华书店
印刷	天宇万达印刷有限公司
规格	880 毫米×1230 毫米　32 开
	8.5 印张　218 千字
版次	2025 年 6 月第 1 版
印次	2025 年 6 月第 1 次印刷
书号	ISBN 978-7-5057-6107-0
定价	42.00 元
地址	北京市朝阳区西坝河南里 17 号楼
邮编	100028
电话	（010）64678009

目录

伯夷、叔齐：最后的信徒

  一、隐士的真谛　　002

  二、孤竹王子　　004

  三、决　裂　　010

  四、采　薇　　013

介子推：此日寒食

  一、出身于晋　　016

  二、割肉事君　　018

  三、功成身退　　023

  四、身殒绵山　　026

严子陵：富春江上有余馨

  一、客　星　　034

  二、长安故人　　037

  三、洛阳行　　041

  四、富春江上有余馨　　047

嵇康：俯仰天地

一、《广陵散》至此而绝　052

二、七子和七贤　055

三、何所闻而来，何所见而去　060

四、清操厉冰雪　065

陶渊明：不为五斗米折腰

一、将门之后　072

二、宦海沉浮　078

三、不为五斗米折腰　084

四、诗酒流芳　089

卢藏用：终南山中金紫士

一、仙宗十友范阳卢　096

二、隐遁终南　101

三、衣着金紫　106

四、晚岁飘零　110

孟浩然：吾爱孟夫子

一、襄阳才子　116

二、皇帝的突袭　122

三、无奈隐逸　　129

　　四、白首卧松云　　134

陈抟：一枕酣眠家国事

　　一、最接近神仙的人　　140

　　二、一枕酣眠　　145

　　三、棋胜华山　　151

　　四、道门隐逸　　154

林逋：梅妻鹤子今称雅

　　一、少孤力学　　158

　　二、独守清贫　　164

　　三、梅妻鹤子　　171

倪云林：草野漂萍有仙踪

　　一、元四家之首　　178

　　二、崖岸自高　　182

　　三、诗画双绝　　188

　　四、神秘的遁世　　192

沈周：吴门衣冠

一、姑苏世家子弟　　198

二、大隐隐于市　　204

三、家族的传统　　207

四、吴门衣冠　　212

李贽：孤傲的斗士

一、理学和心法　　218

二、弃官归隐　　222

三、礼教公敌　　230

四、悲壮的死亡　　237

顾炎武：匹夫有责

一、明末三大宗师　　242

二、天下兴亡　　250

三、一生羁旅　　257

四、最后的隐者　　263

最后的信徒

伯夷、叔齐

隐士的真谛
孤竹王子
决裂
采薇

一、隐士的真谛

《史记》和《高士传》等文献记载的第一位隐士，目前为我们所知的是许由。

许由的历史无疑相当早，据说他是尧帝时人。

尧是中国古代传说中的贤王，与舜齐名。所谓"唐尧虞舜"，一并成为后世帝王的楷模。

舜禅位给大禹。大禹是夏王朝的开创者，末世传到夏桀，被商汤所灭。商汤开创殷商，末代传到商纣，为周武所灭。

周王朝就是现今有据可查的第二个权威的王朝。

夏朝和商朝年代都比周朝古老，存世史证甚少，尤其是夏朝，颇近于神话。夏禹和商汤这两位上古贤王又与唐尧虞舜齐名，合称"尧舜禹汤"。

唐尧是所谓"三皇五帝"中"五帝"的第四位，年头比夏王朝更古。

许由作为唐尧时代的一位隐士，真实性不高。然而这位中华历史上第一位隐士，即使是虚构的，其影响力也不可小觑。

传闻，尧王听说了他的贤名，来找他，居然想把王位让给他，许由的反应十分激烈。

他闭着眼睛听尧王陈述完自己的来意，抿着嘴巴一声不吭就跑了出去。尧王追出去一看，原来这位仁兄已经蹲在一条小河边洗耳朵了。这条小河据说此后就叫作洗耳河。

这件事传扬开去之后，人们议论纷纷，但是都认为隐士就应该这样做。尧王那个时代，当王不但没什么特权，而且无论道德上还是行动上都还要做万民表率。唐尧在后世是不折不扣的贤王，尚且备感压力，许由自然更不用说。

许由干脆跑出去洗耳朵，以示我听不见或者听见了也脏了我的耳朵。尧王也明白他的意思，只好无功而返。而显达者与隐士的第一次接触也就此结束。

在司马迁写《史记》的年代，在已经没有人拿得准记载于典籍之上的许由的事迹究竟是寓言还是实事的时候，他反而被重新追捧起来。那时候的人都觉得许由藐视唾手可得的王位，这实在太超脱了，太出群了，太有隐士范儿了。真正的隐士就应当是这样的呀！无论面对怎样的权力与地位、富贵与奢华，也不放弃内心情操的纯净与高洁！这就是所谓隐士人生的真谛呀！

所谓"皇天无亲，惟德是辅"，许由那个时代对道德的推崇更胜于对实力的慑服。在他的世界里，纵有争斗也绝不至于演变成参与者动辄数万、数十万的绞肉机式大战役。时代，已经更变了。

许由的精神仍传扬下去，令一代代的隐士心有戚戚。在他和同时代或之后的大隐士巢父、王倪、善卷等人的感召之下，商末周初，诞生了在中华隐士史上地位极其重要的两个人。

这两个人就是伯夷和叔齐。

二、孤竹王子

伯夷和叔齐，在古代隐士史中地位极其重要。

为什么这么说呢？

因为在汉武帝时期，有一位史学家叫司马迁，写了一部《史记》，排在二十四史之首，鲁迅先生称之为"史家之绝唱，无韵之离骚"。

这部史书有十二本纪（纪帝王），三十世家（纪诸侯），七十列传（纪臣僚贤者）。七十列传之中排名第一篇的，就是关于伯夷与叔齐的列传。

我们捋一捋二十四史，把伯夷、叔齐推为古今臣僚贤者起风气之首，也没有大错的。

他们到底干了什么呢？有什么彪炳史册的功绩呢？是文能运筹帷幄、折冲樽俎，还是武能攻城拔寨、扫平诸侯？要不起码也得像孔子、老子那样著书立说，为一代宗师吧？

但现实很遗憾，答案是都没有。

在后世，尤其是在当代人的眼中，伯夷和叔齐的一生都称不上波澜壮阔，甚至可以说是相当平淡。两个人毕生之中无论文武都几无建树，连最后的死法都是堪称悲戚的饿死。

这样的人，司马迁把他们排在七十列传第一位，名列千百年来无数谋臣猛将之前。这难道是太史公的故意嘲弄吗？

非也。

伯夷和叔齐是一对兄弟。这从他们的名字就可以看出来。古人排兄弟长幼的次序，常用"伯仲叔季"四个字。所以后来我们形容两人难分高下，可以用"伯仲之间"这样的词汇。顾名思义，伯夷是老大，而叔齐是老三。中间应当还有个老二。这位二哥的名讳已经不可考了。认真说起来，连伯夷、叔齐也不能算正经的名字。

有一个说法是伯夷名允，字公信。叔齐名致，字公达。见于唐朝司马贞《史记索隐》中的引文，聊备一考。

在商末周初的时代，这样正儿八经取名取字的人即或有之，也并不很多。此处姑且不论。下文中还是用我们习惯的称谓：伯夷和叔齐。

这两兄弟并不是一般人。

商末有一个小国叫作孤竹国。他们的国君名讳已不可考，我们就叫他孤竹君。伯夷和叔齐就是孤竹君的儿子。孤竹君在世的时候，非常中意叔齐，打算将其列为继承人。大概一是老年人疼爱幼子的正常心理，二是叔齐的确已经具备了相当的贤德和才华。

孤竹君这个安排，说不上有什么大问题。但等到孤竹君病卒离世，问题就出现了。

叔齐不愿意即位做国君。

值得注意的是，他不愿意即位做国君，并不是因为这个所谓国君的位子没有油水，而是因为一种崇高的信念驱动着他的内心，使他不能接受这样明显倾向于他、对他有利的安排。他毅然准备将国君之位让与哥哥伯夷。

因为伯夷是父亲的长子，自己的长兄。古代册立储君的标准也无非就是有嫡立嫡、无嫡立长、无长立贤三条。孤竹国是个小国，国君未必能有多少后妃，嫡庶的问题在这里不大。立长就是立伯夷，立贤就是立叔齐，倒也都在情理之中。但叔齐把国君之位让给哥哥，哥哥伯夷是什么态度呢？伯夷也不干。

为什么伯夷不接受叔齐让出的国君之位？

我猜测，叔齐的国君之位是先王指定了的，然而现在要因为弟弟的意志而违背先王的意志，这于礼法不合。其次，这是以先朝隐者贤人为效法楷模的他所不能容忍的。

当年唐尧主动想将天下让给许由，许由都掩耳而走。现在本该是弟弟的国君之位却让给自己，这完全不符合自己的价值观。可是伯夷也知道，只要自己还在这里，弟弟叔齐无论如何也会想方设法把国君之位让给他的。所以伯夷不声不响，收拾了些简单东西，趁着天黑没人注意，就离开了生他养他的那片土地。

伯夷走了！叔齐呢？

叔齐听到信儿，想法也很多。本来自己将国君之位礼让与兄长，完全是一片好意，想不到却造成了兄长去国的后果。

倘若因此有个三长两短、一差二误，做弟弟的将何以面对世人？何况兄长在时自己尚且要让位，难道兄长现在不在了，自己反而可以高高在上把君王之位坐得稳了吗？不行！也得走！

于是，叔齐也走了！

这样一来，孤竹国一下子失去了长、贤两位世子。

国家虽小，也不可一日无君。怎么办呢？于是就由夹在伯夷、叔齐之间的那位无名二哥即位为国君。

伯夷和叔齐学问是好的，且都有一颗天真烂漫的赤子之心，志向高洁，质地清白。无论是世人还是他们自己，都没有人怀疑过二人在这件事上表露出的真诚。

这不仅因为谦退从容的名士气度已经深入他们的骨髓，而且因为他们所处的还是一个被道德礼法深深约束着的时代。尽管在这个时代里仍会发生武王伐纣这一类规模宏大的战役，但武王借以击败商纣王的也不是强大的武力，而是"三分天下有其二，以服事殷"的至高道德。

那个时代，礼法是约束下至个人上至整个王朝的行动规范，连两军交战都透出一种文质彬彬的意味。完全能够想象数百年后宋襄公看着不按规则出牌的楚军在他的队列里往来斩杀时瞠目结舌的神情。

数百年后，在周而复始的王朝更变中，武重新战胜了文，属于这个时代的记忆将被封存湮灭。

但直到此时，在商末周初，一切仍是正常的，看起来了无异样。事实上在伯夷、叔齐兄弟双双辞让孤竹君位之前不久，曾经发生过一起规模更大、影响更深远的弃位隐逃事件。而这个事件的主角就是周太王的两个儿子——太伯和仲雍。

周太王一共有三个儿子，第三个儿子叫作季历，季历有个儿子叫姬昌，就是日后的周文王。太王很喜欢这个孙子，因为爱屋及乌。大儿子太伯和二儿子仲雍也都清楚，于是弃位而走，将王位让给季历。太伯和仲雍从西岐逃走，一直跑到海边去，因为德才兼备，也吸引了一批人在身边，逐渐就形成了最初的吴国。

太伯和仲雍在这件事上表露出了极崇高的品德。这是为司马迁所赞赏的。因此开创吴国的太伯和仲雍排在《史记》三十世家第一位，正如伯夷和叔齐排在《史记》七十列传第一位一样。

不管怎样，伯夷和叔齐就此开始了他们作为隐士的生涯，离开故国，此生再没有回去。

此后很长一段时期，伯夷和叔齐并没有留下足以令史册记载的事迹。本来嘛，他们是隐士，而且和那些沽名钓誉或别有用心的假隐士不同，他们是真正的隐士。他们虽然放弃了孤竹国的国君之位，但在精神上仍然是不折不扣的贵族。

就这样，数十年过去了。伯夷和叔齐虽然不曾成为国君，但仍然是当时最著名的、最有影响力的隐士。

离开孤竹国后，他们去了哪里呢？

西岐！西岐当时的统治者是西伯姬昌。这是一个有名的大贤人，从小就才智颖悟。我们前边提到的吴太伯兄弟就是为了最终传位于姬昌才逃位东去的。

姬昌长大以后，果然不负众望，接了祖父和父亲的班，把西岐治理得很好。他施行仁政，招揽人才，在整个天下都威信很高。伯夷叔齐兄弟不远千里去归附他，是因为他"善养老"。

这是一个很模糊的提法。事实上，伯夷叔齐当时也未必就已经多么老迈。

夏商周三代之时，"养老"和"尊贤"这两个词在某种程度上是同义的。姬昌"善养老"的潜台词就是说这个人很遵从当时视之为金科玉律的道德信条，并且可以完好地将之贯彻于实践，因而令西岐成了连土地似乎都浸满了道德的首善之地。所以我们之前也说过，周"三分天下有其二，以服事殷"，就是说虽然这个朝代名义上的共主仍然是在朝歌城里的殷纣王，但天下诸侯和百姓的信仰已经慢慢集中在了姬昌身上。

那时候西岐周遭有两个小国，一个叫作虞，一个叫作芮。他们有矛盾不能解决，就到西岐来请西伯姬昌公断，结果刚进西岐境内，还没见到姬昌本人，这虞、芮两国的人就被西岐和睦的气氛和井然的秩序给镇住了。他们说："咱们为那点东西争来斗去，在人家西岐，都觉得丢脸。那咱还至于为这点小事麻烦西伯他老人家吗?不用了。俺们明白有道德有教养的人该怎么处理这事了。"

于是两人都惭愧地转身回去。

在那个时代,道德就是有如此巨大的力量。它使诸侯倾心归附,使百姓同心同德,使国家雍穆敦厚,当然,也使四方贤士慕名而来。

伯夷和叔齐,就是这一批人的代表。

实际上,他们之所以选择西岐,选择西伯姬昌,并不是因为他能"养老"。一者,伯夷、叔齐这时候不见得就真老;二者,伯夷、叔齐好歹也是有名的隐士了,没有姬昌养,也不至于就饿死。他们并不是唯功利是图的那种人,此时选择西岐,和若干年后选择不食周粟而死,本质上都是在表明一种态度。而这种态度,就是他们对道德伦理的无限尊重和无比信仰。

尽管伯夷、叔齐的个人能力有限,但这个类似于"千金买马骨"的行为的连锁效应是惊人的。

后来辅佐西岐文武两代的大臣诸如太颠、闳夭、散宜生、辛甲就是在伯夷和叔齐归附西岐之后相继来投的,并且最终建立起了绵延近八百年的大周王朝。这些人是真正的命世之才,一时之雄。

他们的实际操作能力绝非伯夷和叔齐这样只注重思想道德境界的人所能企及。但伯夷和叔齐的确也做了所能做的一切。他们通过表明自己的态度,使得他们所推崇的人赢得了在这个时代所必须拥有的声名。就像后来侯嬴对信陵君做的一样。

从某种程度上说,这一时期内,是伯夷和叔齐推动了西周胜利的步伐。这一时期是伯夷、叔齐和西岐关系最亲密的时期。

而真正的矛盾,爆发在姬昌逝世之后。

三、决　裂

西伯姬昌，即后世的周文王，是西周从振兴到强盛的承上启下者。

他的一生波澜起伏，屡遭挫折。甚至曾经因为德望太高、实力太盛而遭到朝中奸臣谗害，在羑里坐牢达数年之久，直到西岐的世子和群臣想方设法将他营救了出来。后世列名"五经"之一的《周易》，据传就是姬昌囚于羑里之时所作。千百年来，此书被视为凝结和体现中国人智慧的奇书。

此后姬昌对于其他敌对势力并非没有征伐，他也不是简单的恐惧武力者。自始至终，姬昌从来没有表现出要以武力推翻君主殷纣的意图。但当姬昌逝世之后，继位的武王姬发却并不准备将这种恭顺延续下去，他不介意在合适的时机向殷纣发起挑战——史称"武王伐纣"。

这段著名的历史后来成为神魔小说《封神演义》的蓝本。当然实际的历史并没有那么玄，也没有那么浪漫。

文王得享高寿，虽然众说不一，但至少活过了九十岁。因此他的嫡子姬发在即位之时，已经是年逾古稀的老人，而非演义中的翩翩佳公子。他没有时间等殷纣一点一点将残存的道德和威望挥霍殆尽。

而这时殷纣正在实施一系列暴政。那时候殷商的朝廷里本来还有几位大员，都是世所钦慕的贤者，而且与殷商王宗有着亲缘关系，即所谓的"殷有三仁"。但商纣王残忍地杀掉了一个，驱逐了一个，最后一个因提前选择隐遁才能幸免。这无疑给所有殷商的政敌制造了良好的机会。于是武王开始出兵，前后共有两次。第一次总共召集了八百来位诸侯，共同向已经衰朽的殷商王朝展示强大的力量，但并没有实际发起作战。第二次，则是武力进攻殷商，一路势如破竹。

伯夷和叔齐，就是在这个时候反过来站到了西岐的对立面。

他们反对武王伐纣，并不是愚忠，否则他们当初也不至于敢为天下先，投奔西岐，投奔西伯姬昌。

他们虽然是隐士，但毕竟仍有政治诉求，并非不食人间烟火。他们当然知道殷纣是何等强横暴虐、倒行逆施。以殷纣的暴行，丧失人心和王朝覆灭是早晚的事情，而这不值得人们同情。所以伯夷、叔齐并不反对姬昌或者姬发取代殷纣的结果，也不反对殷纣被推翻或击败的结果。他们反对的，是作为臣子的姬发以武力推翻身为君主的殷纣这个事情。

这个思路在今天的人看来似乎有些奇怪。但三代（夏、商、周）之时的隐士和相当一部分哲学家就是这样认识问题的。

在他们的思想里，手段和目的、理想、现实同等重要。即使为达成善的目的而采取恶的手段，本质也是恶的。

纣王诚然可以被打倒，武王也显然比纣王更好，这个更迭倘若是通过天命归属或者民众拥护推举来完成，自然无话可说。倘若是通过武力，我们怎么知道这个目的是不是正当的？开了这个臣子攻伐主上的头，明天臣子就可以以同样的方式攻伐。所以伯夷、叔齐面对着浩浩荡荡开赴战场的大军悲叹道："以暴易暴兮，不知其非矣。"

用暴力来对抗暴力啊，不知道谁对谁错了。

四、采 薇

毫无悬念，伯夷、叔齐两个人的反对在浩浩荡荡的大军面前没有构成任何阻碍。军队越之而过，却也并没有伤及他们的性命。

起初，正是伯夷和叔齐的先期投奔明确了西岐的天命所归。或者在某种程度上，伯夷叔齐和文王武王是有共识的。他们只是选择的手段不同，路线不同，并非真正的死敌。

西岐的军队很快取得了胜利。商王朝覆灭，在九州大地上，崭新的周王朝建立起来。伯夷和叔齐可能是欢欣鼓舞的人群里的两个异类。

他们以西周暴力推翻殷商的行动为耻，于是逃到首阳山去，又恢复了真正的隐士生活，以山中寥寥的薇菜自给，立志不吃周朝的小米。最终，他们饿死了。

他们的不朽在身死当时就已确立。尽管后人常常笑其迂腐愚忠，事实上，伯夷叔齐身处的时代如此特殊，以至于并不能简单地将其归结为商和周两个朝代的更迭，而是预示着更重要的跨时代的变革。

后世的诸多学问家都顶礼膜拜的三代，是一个理想与现实按照道德的理念高度统一的时代。在那个时代里，道德始终发挥着作用，维系着整个社会体系的平衡。但随着人类力量的越来越大，平衡终于被破坏，对现实的巨大欲望使道德的约束力不再那么强大，渐渐地，世俗战胜了理想，权谋压制了道德。所以《史记》将伯夷和叔齐作为列传第一篇。而列传第二篇的管仲和晏婴的定位就明显从道德偏向权谋了。

尽管伯夷叔齐的时代已经注定要被历史淹没，但他们仍然身体力行甚至不惜用自己的生命去延续，去捍卫，去纪念。这也就是伯夷和叔齐能排到列传第一位，而后世无数名儒大哲不绝咏叹他们的原因。

令人慨叹的是，他们的殊死坚持并不是完全错误的。世界沧桑巨变，社会体系也几经更迭。时过境迁，物是人非。虽然最根本的关于理想、道德和现实的问题始终没有解决，但是每一个趋于成熟稳定的社会体系最后都会致力于将其完美融合。

曾几何时，人们亲手毁灭了那个理想国。但伯夷和叔齐作为那个时代的最后两个信徒仍然在史册中闪耀着他们夺目的光芒。他们对理想的坚持、对道德的维护以及坚贞不屈的伟大人格将激励着一代又一代的隐士，在历史上留下更多痕迹。

此日寒食

介子推

出身于晋
割肉事君
功成身退
身殒绵山

一、出身于晋

伯夷、叔齐饿死在首阳山数百年后,而有介子推。

介子推这个人,正史记载寥寥,而野史很多,甚而还有以之为名的戏剧。戏剧中的介子推不但事君忠直,而且文武双全,战场上斩将搴旗。这当然是荒诞的,但是后边我们可以看到,这种荒诞也不是全然毫无依据。

就我们目前所能知道的,介子推是今山西闻喜人,而在夏县长大。有资料将他的籍贯详细到闻喜户头村,或者夏县裴介村。这个不见得准确,对一个知名人物,难免有附会之嫌。按今天的风气,一个虚构的西门庆都有五六个地方争,何况介子推那样的大贤大隐,光考证他原本的出身就要几万字。姑且省之,介子推的死地,是在介休。这个倒是可以确定的,因为介休的"介"字就是从介子推来的。

介子推是春秋时期晋国的臣子。

春秋时候,很不太平。天下诸侯以及当道者刚刚品尝到权力的滋味,颇有些欲罢不能,所以孟子批评说"春秋无义战"。

晋国原本是周王朝的附庸，就是周成王所谓"桐叶封弟"封了叔虞的那块地方。到春秋时，晋国发生内乱。

当时的国主是晋献公，有一堆儿子，还不满足，又讨了个叫作骊姬的美女做小老婆，且十分宠爱。骊姬这边呢，考虑到晋献公可能活不了几年了，一旦驾崩，自己立即失势，晚景不免凄凉，不如母以子贵。骊姬后来的所有行动都是为了确保晋献公把位子传给她的儿子。这是挺不易的，因为我们之前说过当时传位的规矩，首先立嫡，无嫡则立长，无长则立贤。骊姬只不过是晋献公的小老婆，这三条哪条都沾不上。

那时候晋献公的各位公子里已经有一位国君的接班人，他就是公子申生。骊姬要让自己的儿子上位，自然就得先除掉申生。于是她竟诬陷申生要谋害献公，晋献公老迈昏庸，就把申生逼死了。

弟弟们知道申生这棵大树一倒，转眼自己就会遭殃，于是竞相跑路。其中有一位公子叫作重耳。重耳跑路的时候带了一堆家臣，其中就有介子推。这是介子推初次在史册上登场。《史记》里说公子重耳身边有五位贤士：赵衰、狐偃咎犯、贾佗、先轸、魏武子。五个人里并没有介子推，他在其余的数十人里。

公子重耳这个人在晋献公的诸位公子里，是比较有贤名的，当时也不年轻了。他出逃的时候无论是他还是他的臣僚们都想不到，这一逃居然就是十九年！

二、割肉事君

公子重耳的臣子中有一个人做出了一点"努力",几乎改变了历史。讽刺的是这个人只不过是逃亡队伍里的小人物。他的名字比较特别,叫作头须。

头须本来是公子重耳的家奴,既无文才也无武功,甚至说不上忠诚。他不像重耳的五贤臣或者介子推一样,通过个人的才智见解从而对未来有个大致的目标。这些人都相信重耳日后一定会再回到晋国,成为国君,并且成为一代英主。无论他们各自的目标是跟从重耳博得赏识,将来荣华富贵封妻荫子,还是单纯而理想地愿意辅助重耳这位英主,使国家雄强、朝政清明这个大前提始终是没有分歧的。

头须不具备分析未来的才智,所以他看不到未来,他没有希望。没有希望就没有目标,没有目标就没有支撑。每天过着这种风餐露宿颠沛流离的日子,不知道到底哪年是个头,甚至不知道到底有没有头。在长久的折磨之后,头须的忍耐终于到了极限。他决定跑路。

按说,倘若头须就这样静悄悄地一走了之,重耳等人不会觉得奇怪，这事也不会对未来产生多么深远的影响。人各有志，不能强求。重耳也没有能力保证他的随从们都能得到自己想要的，他理解这种情况。因为处在他的位置，那是没的选择，不然重耳自己兴许也跑了。

在一个漆黑的夜晚，头须无声无息地消失了。而与他一起消失的，是重耳逃亡小分队已经快空了的钱袋。

第二天早上，整个队伍陷入了危机。没钱了，怎么办？

逃亡当然是要用钱的。重耳的逃亡小分队到现在虽然也就二十几个人，但这些人也是要吃饭的。就这样，重耳逃亡小分队在苦苦挨过几天之后，断粮了，最后一点儿米已经和着野草进了大家的肚腹。

饥饿，是任何人都难以回避的正常身体反应。无论是帝王人君，还是庶民百姓，机能都是一样的。要不怎么说计莫毒于绝粮呢？这个是最简单又最无以辩驳的硬道理。中国历史上无数次揭竿起义血满沟垒，召集口号也就是一句话：来吧，有粮！

所以，挨到第三天，大家都挺不住了。

"要不，咱打劫吧！"有人建议。

重耳逃亡小分队倒是不缺打劫的人，啃不动的剑还是有几把的，会两下子的人也还有那么十几个。这样的武装力量跟全副武装的甲兵对上不是对手，但要打劫个把小点儿的村子，摸一把就走，别让人家各村联合逮着，倒也足够了。

但公子重耳是晋国的公子，将来或许还将成为晋国的国君，成为天下敬仰、万众瞩目的圣主。这样一个寄托着小分队全体人员无限希望的精神偶像，居然要为了混口饭吃纵容属下去打劫？把圣主的面子往哪里摆？

就算没人知道，自己的良心道德也过不去。最明显的，介子推就肯定不干。介子推要不挑头，武士们群龙无首。狐偃那五个贤人是光说话不动弹的，总不能让公子重耳亲自带队吧。况且也有个抢谁的问题。

春秋战国时期那个人口密度，可不是走几十里就能碰见个高速公路收费站的。重耳逃亡小分队这时候正好置身在茫茫的旷野之中，前后左右四野无人，连只野鸟都看不见，扯嗓子大吼也只能是跟自己的回声做伴，连往前再走多远有市镇人家都不知道。

实话实说，要有个小村啊，城镇啊，重耳他们也没那么愁。当初他们都是有钱人家出身，虽然穷途末路了，但腰佩的玉、手握的剑，随便甩出哪个都能值几两。不过村里边老百姓不认这个，人家要你那剑有什么用？翻地比得过老夫的锄头吗？

所以说，头须这个人虽然是小人物，还是很厉害的。重耳小分队这些人数十年后令整个东周王朝都没有办法，但现在偏偏都栽到了头须的手里。

小人一旦反目，造成的后果往往是惊人的。百计难施之下，最后连狐偃这种老谋深算的人物都没了指望，小分队彻底接受了断粮的命运。而有一句话也在他们心底翻来覆去："要是再没接应，哥几个可就没几天了。"

公子重耳努力保持着镇定，这是他此刻唯一能做的事。所谓虎死不倒威，情况反正已经不能更糟了。此时此刻作为队伍的首领和精神支柱，他必须咬牙维持住风仪形象。尽管他也饿。

队伍在一棵大树下歇息。公子重耳枕着一块山石，漠然地望着天上大片流云。

"就这样死去，也不错吧？"他想。

"就这样饿死，真没面子！"他又想，"要是这时候，能有一碗热腾腾的肉汤……"

一碗热腾腾的肉汤出现在公子重耳的眼前，端着肉汤的是面色苍白的介子推。晋公子重耳震惊地望着他，重耳逃亡小分队的所有人都震惊地望着他！

介子推当然不是一个仙人，他不能凭空用幻术变出肉来。而他们在此地停留的几天里，附近从飞鸟到老鼠都搬了家。肉，从何而来？

肉汤热腾腾的，散发着诱人的香气。一霎时，每个人的目光都被吸引，但介子推坚定不移地将它呈与公子重耳。

公子重耳几乎是下意识地一口喝完了那碗肉汤，连口腔和咽喉被烫痛都暂时忘记。那久已不识的肉味令他重新恢复过来，他甚至有些意犹未尽。然后他的意识才复苏。

"介卿，你？！"

介子推并没有回答。即使他已经用布条紧紧扎住了伤口，那腿上殷红了的一片早已在无声地回答着这个问题。

早在公子重耳近乎贪婪地喝着那碗汤的时候，人们就已经看见了那片血渍。那触目的红色震惊了所有人。

公子重耳怔怔地望着介子推，他的身体微微颤抖起来，但介子推平静地俯下身去。他说："主公，我们必须立即上路。只有往前走，不断往前走，大家才不会死在这里！"

我们不辞辛苦不远千里不避刀剑地跟着你，不是为了向你谋求荣华富贵，也不仅因为你是我们的主公，而是因为我们相信你公子重耳，将会给晋国带来空前的强盛与和平！因为这个，我介子推愿意不惜一切代价。

重耳的眼眶瞬间湿润。他站起身来，将介子推扶起来，他扫视着他的臣仆们，他们的眼神中都焕发着比生命还夺目的光彩。他知道介子推超乎寻常的忠诚已经帮他重新凝聚了这支即将分崩离析的小分队。他用自己所能发出的最平静的声音说："向前走！"

第二天的午后，他们到了一座村庄。村民们对他们并不友好，还有人拿土块掷打重耳，但最后他们终于拿玉佩换到了一点儿粮食，他们得救了。

三、功成身退

挺过了断粮的危机,重耳逃亡小分队的前途倏然出现了光明。这时候关于公子重耳出逃的流言在诸侯国之间沸沸扬扬地传开了。

"有一个贤人,晋国的公子重耳,正在逃亡的路上哪!即使是这样恶劣的环境,一群贤士仍不离不弃地跟着他。这才是圣主人王的德望啊!这个人将来一定会成为晋国的国君啊!"

"是啊!话说晋国国力甚强,方当乱世,谁求不着谁啊!与其要冒日后和晋国交恶的危险,还不如现在就对这个重耳好一点。"

于是重耳的处境开始改善。尽管对晋国而言,他仍然只是一个弃国逃亡的公子,但当他流亡到与晋国并列为春秋强国的齐国时,齐国接待他的礼节却有如接待一位储君。

处于东海边上的齐国从一开始就是周王朝诸邦国中的强者,这一国的始祖就是传说中被称为姜太公的大贤者姜尚。这一代齐国的国君正是他的嫡系后人齐桓公姓姜名小白。这人和后来成为晋文公的公子重耳同样是春秋五霸之一,只不过他的人生之路起初比重耳顺利得多。

重耳还在流亡的时候,齐桓公小白的威名已经遍及天下。常言说唯英雄得以识英雄、重英雄,公子重耳现在虽然没有立锥之地,齐桓公却丝毫没有小觑他。他热情地接待重耳一行,接着就索性把一个叫作齐姜的美女送给了重耳。

重耳在颠沛流离的逃难生涯之后居然过上了安稳的幸福生活,一时真是堕入云雾之中。此间乐,不思"晋"。

他可以不思晋,但介子推和狐偃可受不了了。我们费尽心机不辞劳苦地跟着你,保护着你,不是把你折腾到齐国就算完的。早知道你是这样一个见了美人就迈不动步的纨绔中老年,介子推当时就不应该往自己的腿上下刀子。

实际上,重耳当然不是这样的人。日后察看重耳的一生就不难发现,这个人在关键时刻最拿手的绝活儿就是扮猪吃老虎。

毕竟齐桓公也是春秋五霸之一,当时的一方霸主。人家倒是不太在乎你这个纨绔中老年,可人家未必不会在乎一个锋芒毕露的将来可能成为本国劲敌的潜在敌手。要真被齐桓公抓住破绽找机会翻脸,就凭重耳这点人马压根不够齐国兵马当点心的,介子推再神勇也白搭。所以重耳在这件事上完全闷头不响,假作不知。

介子推和狐偃商量来商量去,都商量到齐姜那里去了。重耳的臣子和重耳的老婆合谋要把他从安乐窝里绑走。齐姜在这件事上态度明确,顾全大局,因此后来被记载到《列女传》中,千百年来都是妇女姐妹们学习的榜样。

要说重耳真耽于女色乐不思晋,起码齐姜三不五时就人影不见,他就不会不知道。总而言之,这个计划或者阴谋在半推半就中顺利地完成了。介子推、狐偃等人合伙拐走了重耳，护送他离开了齐国，继续逃亡列国的茫茫征程。

之后，重耳在介子推等的保护下又去了宋国、楚国乃至秦国，在秦国又定了一门亲事。这是一门纯粹的政治婚姻，重耳的目的只是借秦兵回国夺位。从此就多了一条成语，叫作"秦晋之好"。

借了秦兵之后，羽翼已丰的公子重耳终于显现出他老虎一样凶猛的真正面目。

在介子推的统领之下，重耳大军长驱直入，一路势如破竹。流亡十九年后，重耳终于拿到了他早该拿到的东西，成了晋国国君。

然而，就在这个时候，介子推离开了他。

那个十九年来始终鞍前马后、忠诚勤勉地跟着重耳的介子推，那个为了延续主公的生命不惜割下自己腿上肉的介子推，那个始终沉默寡言、作战勇猛且从不居功自傲的介子推，离开了重耳。

晋国从此少了一位名臣，而古代史上就此多了一位隐士。

四、身殒绵山

介子推的隐退,起初完全没有引起已经成为晋国国君的重耳的注意,这原本是绝不应该的。

在流亡生涯中,重耳不止一次要靠介子推的坚定支持才能坚持下去。但在这个时候可以理解,因为晋文公事情太多了。晋文公虽然已经掌握了晋国的政权,但眼下他对这个摊子的一切,几乎都是陌生的。

秦晋之间的关系要处理,晋国的安定团结局面要创立,十九年中晋国各个势力的平衡要顾及,自己的权威还必须巩固。多年积累下的问题都堆在新即位的晋文公眼前,他怎么能不忙得昏天黑地?何况这个时候离开他的不止介子推。

早在介子推之前,狐偃已经做出了隐退的姿态。说是姿态,是因为狐偃最后并没有隐退成功。

那时晋文公领兵渡河,前面便是晋国疆土。一去十九年,临江远视,感慨万千,晋文公便将船上破烂儿都丢进河里。一个崭新的生活即将开始,还要这些东西干吗?

狐偃就有了意见,现在公子重耳志得意满,再也不是之前汲汲营营的那个公子重耳了。旧东西可以不要,那么旧人要与不要也就在两可之间。与其被赶,不如自己趁早走。后来在重耳的极力挽留之下,他才没有走成。

而介子推是真正的隐退,走得无声无息。这时候晋国忙于内政外交,百废待兴,也有照顾不周之处。

不久之后,晋文公总算抽个空想起来得分封一下跟从自己十九年的这些老臣子,却又忘了介子推。那时候介子推已经功成身退,飘然远隐。即使他还在朝堂之中,也不会恋此虚名,但有人不平。

解张是介子推的邻居,也是了解介子推忠诚的人。那个时代讲究比邻而居,能跟介子推当邻居,也就不是什么凡人。

介子推已经隐退,但解张不理这个茬。"天听自我民听",有意见就提。他弄了个条幅,上面写了首诗,挂到晋国都城的城门口去了。这个地方选择得当,每天来来往往很多人都看得到。所以朝堂上有什么布告,国家有什么通缉犯,都贴在这里,三天就能传遍都城。

不久之后,解张这首诗就传到了晋国国君重耳那里,他一听完就豁然省悟。

这诗是这样写的:

龙失其所,周游天下,众蛇从之。

龙饥乏食,一蛇割股。

龙返于渊,安其壤土。

数蛇入穴,一蛇于野。

实际上，晋文公的心里是很有一些委屈的。他知道解张的指责有道理，无论从哪方面来说，他的封赏没有顾及介子推都是不对的。但从另一方面说，他认为以他和介子推的关系，介子推不应该为这些眼前的封赏和他计较。

我重耳的性格你又不是不知道，一向是扮猪吃老虎啊。我要做什么事，总是要蓄力而出。介子推，我最后发力的时候，需要有你与我甘苦与共。

介子推不是那样的人。十九年的流亡生涯中他们不止一次并肩奋战，日复一日朝夕与共。名分上虽是君臣，其实更是朋友。狐偃是晋文公的亲舅父，但挖掉自己腿上肉救他重耳的不是狐偃，而是介子推。倘若介子推是个贪慕荣华富贵的人，他对晋文公的信仰和拥戴就不可能到如此的程度。十九年来，倘若要背弃或者谋害晋文公，介子推都不用挑日子。所以他们是朋友啊。

就这样，春秋历史上第一次，一个国君离开了他的都城和百姓，带着群臣和人马日行百里亲自寻找一个臣子。

而介子推这次离开并不是虚张声势，他连老娘都一起带走了。

介子推跟从公子重耳半生漂泊，无妻无子，唯一牵挂的就是老母亲。他现在带母亲一起走，就是清清楚楚地表明再也不会回来了。他们去了哪呢？绵山，在今山西境内。

晋文公的使臣上山去，被介子推客客气气地打发了下来。解张再上山，请介子推，也被介子推婉拒了。他对解张说："其实我并不是因为国君封赏不到而赌气，也不是为了谋求荣华富贵才始终向国君效忠。我是真真切切地喜欢绵山，这里的隐居生活一切都令我十分满意。回去吧！向国君说，介子推想要得到的东西已经全部得到了。在以后的日子里，我将作为一个朋友在绵山遥遥远望都城，为我们的国君和国家祈祷兴旺与和平。"

介子推是真的如他所说的一样，并且一生之中都在为之努力。他之所以选择隐居绵山，只是因为他认为自己的历史使命已经结束了。介子推当然知道他和晋文公之间的亲厚少有人及，但同时他也并不认为自己的能力举国少有人及。那样太狂妄了！绝不应该依仗与国君的特殊关系而蹈据高位，耽搁朝政。介子推就是这样想的。他相信将来会有更多更优秀的人才，而不是他介子推来辅助重耳完成光大晋国的任务。其愿已足。

但晋文公不这样想，他特别生气。

晋文公认为，我毕竟身为国君，千里来此，已经给足了你老朋友的面子了，我不可能亲自爬上山去求见于你，那样我将来还怎么在天下诸侯之间显示霸气威严？而你，对我最忠诚的朋友，也不应该在这百废待兴的关头撒手离我而去！老夫刚刚即位，宝座犹尚未暖。退一万步说，哪怕明天被政敌从座位上赶下来，甚至杀死，我也希望介卿，我的朋友，你能伴随在我身边。而你竟然这样绝情！你以为完成了自己的历史使命就可以功成身退了，我呢？身为国君，一生里哪有功成身退之时！不行！我一定要见到介子推！

晋文公为人稳重，可越是这样的人一旦生起气来就越发冲动。山上的介子推也是个咬定青山不放松的人。君臣二人一个在山下，一个在山上，隔着郁郁葱葱的山林僵持。

这时就有人来出主意了。

有人说："主公，您且少安毋躁。您不是想让介子推大人下山吗？

介子推大人不是有名的孝子吗？咱这么办，放火！一放火，就算他不想下来，为了保全老夫人，他也得下来。等他这么一下来，与主公您一见面，还愁他不倾心依附？"

要说重耳的脑袋这时候也不转个儿。他被气糊涂了，没有分辨能力，马上吩咐："好，就这么办！"

火烧起来了，整座绵山都被红色的火海吞没了，介子推却始终没有出来。

这时候，晋文公重耳才意识到，山火和挨饿还是不一样的。他派出精锐的军队试图尽量扑灭山火，但军队在肆虐的火舌之前束手无策。

绵山的大火烧了几天几夜，直到夜晚，天空中仍然呈现出恐怖的红色。晋文公的脸色比之夜空也强不了多少。那个出馊主意的家伙，早已卷包逃走。不逃不行。山火烧成这样，谁都看得出来，介子推要是不能白日冲天，立马成仙，就肯定是完了。介子推好歹是前后辅佐了你晋文公二十来年、陪你流亡了十九年的忠臣义士，你即位之后不封赏，现在临了还把人家烧死了。什么叫忘恩负义？

这种事情史册上都不敢记这一笔，记了就等于揭晋文公的脸皮。那位不溜走的话，被晋文公拿来一泄愤二顶罪是不必怀疑的，肯定死得不能再死。

但出馊主意的人可以跑，晋文公跑不了，也不能跑。在绵山被大火吞没的日日夜夜里，晋文公始终痛苦地眺望着绵山。无论是作为国君还是作为朋友，他知道自己再也没有办法面对介子推了。

几天之后，绵山上下了一场透雨。山火终于熄灭了。山火肆虐之后的绵山处处都是灰烬和烟尘。时不时还有未完全熄灭的残火闪耀。

晋文公第一时间就上了绵山。他的士兵们在山上找到了介子推和他母亲的骨骸。

晋文公在老朋友的尸骨之前长久而沉默地站立着,他的泪水滴落在余热未散的尸骨上,化成小小白烟。

从此以后,绵山便多了一个名字,叫作介山。

绵山一带土地田亩都被晋文公封赠给介子推的家族,令其得以衣食无忧,绵延后世。

这个地方后来叫作介休。这个名字,至今仍然沿用。

此后介子推逝世的那一天被命名为寒食节,在这一天,人们禁用烟火,只吃冷食,用这种方式来表达他们对介子推的崇敬和纪念。

富春江上有余馨

严子陵

客　星
长安故人
洛阳行

富春江上有余馨

一、客　星

自秦至东汉，中国历史上有名的隐士不多。这当然并不是说这个时间段没有隐士，或者没有够格的隐士，恰恰相反，这个时期很可能有一些真正恪守隐士戒律的隐士。

这些人的隐逸实在太过成功，以至于而今于史无证。对于这些无名的大隐士，我们应当致以由衷的钦佩和热爱。但毕竟无从查考，也就没有人写诗怀念他们。所以我们这部书里没办法以大量笔墨渲染他们，只能姑且存之。

那么为什么这段时期之内，有名的隐士不多呢？因为世道太乱。

也许在兵荒马乱的年代里，人们的基本需求很难是精神上的，而更多是物质上的。假设我们生在乱世，老母弱妻，幼儿嗷嗷待哺，这时候我们是花心思去关心哪里有一位道德高深的隐士，还是花心思去关心哪个诸侯比较仁善，跟着他有饭吃？

显而易见，社会对隐士的崇敬是随大环境而定的。之前的那些大隐士，比方伯夷、叔齐，他们的成名都早在商周革命之前。即使是介子推半生随着重耳漂泊流离,但当时春秋时代整体的大环境还是好的。

此后是战国时代,战国,顾名思义一直在"战"。好不容易秦统一六国,又二世而亡。陈胜、吴广揭竿而起,刘邦、项羽应运而生。等到刘邦建立汉朝的时候,整个国家穷得连皇帝的马车也配不齐毛色相同的四匹马。

本以为能消停一会儿,吕后和刘氏宗族又开打。然后刘氏诸王自己窝里讧,爆发了七国之乱。到汉武帝的时候,又跟匈奴开战。虽然最后总算打服了匈奴人,但总的说来,从战国时期一直到西汉末年,中间就没消停过。虽然其中也有些人能沾上隐士的边,比如范蠡、张良都是功成身退,但他们的声名还是更多建立在位居卿相之时。就连商山四皓也是有名无实,倘若他们不去辅佐太子刘盈,谁会记得他们?

这样,一直到东汉初年,中国历史上才又出现了一位相当有名的隐士,而这个隐士的一生都与汉光武帝刘秀纠缠不清。

光武帝刘秀和他的南阳集团云台二十八将在数年之间就平定了王莽之乱,军事上非常有才能。但就是这样一个杰出的皇帝,却有个一般昏庸君主都有的毛病:迷信。

要说古代社会迷信也不是什么大问题,秦皇汉武都有类似的记载。刘秀尤其相信谶纬之术,以至于跟蜀主公孙述打仗的时候还写信讨论了一下当时谶书里"白帝"到底是指谁的问题。

刘秀既然有这种独特的爱好,他手下当然就少不了一些能识谶纬、断阴阳、辨星象的高人。

光武帝建武某年某夜,就有这样一位高人在夜观天象,他的职位是太史。在中国古代，天象一向归太史们执掌，他们观测天文的细致程度后来被检验出是十分可靠的。连天文学上超新星爆发的痕迹都得到中国古书里找材料。

中国古代的星宿划分，和西方的所谓八十八星座迥异。人们在夜空里模拟出了一幅秩序井然的与俗世对应的图像。人间的皇帝对应上界星辰中的紫微。紫微星的光芒倘若被其他的星辰掩盖，就预示着皇帝的安全受到威胁。

这天夜里，正在观测星象的这位太史就惊恐地发现：紫微星正在受到侵袭！侵袭紫微星的星辰是忽然出现的，之前这片星空并没有它的身影。太史们管这叫作"客星"！这还了得？！

第二天一清早，太史就赶忙把这一消息报进宫去。

按一般程序，接下来就是全城乃至全国大搜索，找出这个胆大包天的"客星"加以祈禳或者干脆除掉。紫微被侵，这算大事件了，但光武帝刘秀压根没当回事。他不以为意，随口说："啊，是！昨晚朕的故交子陵先生跟朕一起休息。他睡觉不老实，把腿压朕肚子上了。太史，这等事你都看得出来，眼光很准，值得表扬。"

此事就此不了了之。

而这个敢拿自己大腿压皇帝肚子的"客星"，就是严子陵。

二、长安故人

严子陵因此名动天下。人人都知道,他是个"客星"。

这一事件人尽皆知这一事实的原因并不是严子陵胆敢拿大腿压皇帝肚子,而是严子陵胆敢这么做了以后,光武帝刘秀居然宽宥了他,对他完全没有怎么样。这对在两军交战的时候还孜孜不倦地探讨谶纬问题的刘秀而言,绝对是个例外。

倘若这样做的不是严子陵而是刘秀的另外一个什么重臣,那结局多半就没这么简单了。

开国皇帝之中,刘秀不算诛戮功臣最狠的,但也从来不是一个好好先生。他之所以如此宽宏大量,不计较严子陵,是因为他对严子陵非常熟悉,而且完全信任。

严子陵是会稽余姚人,他本来不姓严,姓庄,名光,字子陵。之所以后来改姓严,是因为刘秀的儿子叫作刘庄。刘庄当了皇帝,他的名字老百姓就不能用了,所有姓庄的都得改姓严,这叫作"避讳"。避讳大约源于周代,但汉代时日趋严格。不过刘庄有一个一生迷信谶纬的老爹刘秀，可想而知他自己也就特别重视这些旁枝末节。于是庄光庄子陵只好变成了严光严子陵，竟以此名流传后世。

严子陵生性非常聪明。他年轻时候就和刘秀认识。那时候西汉王朝的都城长安城里有一座太学。这个太学字面上和今天的大学有点像，实际职能也有那么一点像。它是替王朝选拔贤能加以教导留充后备的，但与今天的大学不同，录取学生不靠考试，而是靠身份。太学生们要么是王侯勋贵、文武官员的子弟，要么是在全国得到郡守刺史们荐举的书生——一个书生能被郡守刺史荐举，纵然原本家境贫寒，背景也不差。

严子陵和刘秀同是太学的学生。刘秀是宗室子弟，家庭虽不十分显赫，但要混进太学还是容易的。而严子陵显然没有刘秀那么强的身份背景。他更可能是通过察举制上来的。而走这条路上来的，一般都有些真才实学。

刘秀和严子陵一接触，就觉得此人绝非泛泛之辈，是个很有内涵的人。所以两人在太学时期始终关系很好。后来王莽篡逆，阴谋夺了汉室江山，太学们不忿，各自走路。两人就此分开。刘秀此后聚集亲朋邻里，组成一支军队，在乱世中的表现相当抢眼，屡建奇功。严子陵却默默无闻，没有任何关于他辅助刘秀乃至献计献策的记载。然而直到刘秀终于平定天下，登基成为皇帝，他也没有忘记严子陵。

首先，严子陵有才华，这一点在太学时已知之甚稔。其次，严子陵并非空谈的书生，十余年间他是入过尘世的。他虽然没有直接参与刘秀的争霸，但在咨诹议论方面却对刘秀颇有助益。再次，刘秀的起家根底南阳集团里多武将而少文臣，而严子陵恰好可以填补这个空缺。最后，严子陵是他信任而熟悉的人，这是刘秀用人的根本。

刘秀下令去寻找严子陵。

但这时候，严子陵已经在闲适的隐居生活中体会到了与天地自然和谐相处的乐趣。

刘秀和严子陵这对朋友，十余年前曾是志趣相投、激扬慷慨的太学生，十余年后一个成为皇帝，另一个则真正成了隐士。

严子陵毫无疑问是有本事的人。大而论之，隐士都是有本事的人，否则就称不上"隐"，而是根本混不上去，欲求"显"而不能。但另一方面，隐士们往往对天下时局政事看得非常清楚，对自己的实力和立场也十分明确。他们知道以自己的才学，出仕官员、致位卿相可能并不难，但要将他们并不欣赏的时势扭转到他们所欣赏的方向，单凭一己之力差得太多。就是当年兴周八百年的姜子牙，兴汉四百年的张子房，何其了得的人物，最终也不过扶助明君成就了一代霸业。而诸如使天下无竞争、政治清明、百姓安居乐业这样的宏伟目标，亘古不能实现。

所以说，隐士们固然有一定的政治诉求，但这种政治诉求基本被现实带给他们的无力感深深压抑。因此他们唯一能选择的方式就是尽力远离这种俗世。"穷则独善其身"，终其一生，哪怕不能实现自己宏大的理想，至少也要给后来人树立一个榜样。

所以，刘秀找严子陵，费了很大的工夫。

刘秀的官员们最后找到严子陵的时候，他是在齐国境内大泽边披着羊皮钓鱼的渔夫。官员们向他表达了皇帝的意愿，严子陵淡然婉拒："这些年过去了，你已经拥有了天下，就让我保有我这一江清风吧。"

官员们也没办法。他们受皇帝之命特意前来，断不能被严子陵一句话就打发回去。严子陵是皇帝所欣赏的大名士，也不能用强硬手段。严子陵孤家寡人一个,把他捉起来揪到长安固然简单得很,但如果以后严子陵位高权重,随口跟皇帝告一状,则后患无穷。

于是官员们没奈何,只能软磨硬泡。等到他们第三次来请严子陵的时候,严子陵知道,躲不过去了。

既然躲不过,就去见你吧。

于是,十余年后,严子陵再度见到了当年太学时的故人、而今的皇帝——光武帝刘秀。

三、洛阳行

这时候,天下的都城已经不在长安而在洛阳了。这个距离刘秀起家之地南阳不远的伟大城市,此后长久地扮演着天下东都的角色,一直到唐朝仍与长安城并列。

在去往洛阳的路上,严子陵的心里并不平静。因为这场即将到来的会面很可能决定自己下半生的命运。

与此同时,洛阳城里,侯霸在等待着他。侯霸这个人是相当有本事的。早在西汉末年,严子陵和刘秀还都没有找到自己人生的目标时,侯霸已经成了王朝卓越的官员。他在地方任职的时候,任期将满,属地的百姓们竟然一起哭着来挽留他。此人前后有着几十年的仕途任职经历,在刘秀时期已经致位三公。那是皇帝之下职位最高的臣僚。

所谓"坐而论道,谓之三公"。刘秀虽然迷信,但他短短十余年内扫灭诸雄,成就霸业。侯霸倘若没有真才实学,是不可能在刘秀手下身居如此高位的。

侯霸和严子陵也是老相识，而且二人之前的关系实际上比刘秀和严子陵之间的关系还要深厚。

因为刘秀背着皇族身份，少年即有大志，看谁都是用"此人将来能否为我用"的眼光。他和严子陵之前无疑有着真正的友谊，但同时仍不免存在着君臣之间的芥蒂。

而侯霸则不同，他属于最注重实务的那种人，非常清楚自己什么时候该做什么事，并且一定能够做好。

如果说严子陵此时已是标准的隐士，那么已位列三公的侯霸就是标准的臣僚。如今，两个人都做出了自己的人生选择。道不同，不相为谋。

侯霸准备在刘秀之前先见一见严子陵，探探他的底。必须强调的是这个底不单是为他自己探的，也是为光武帝刘秀探的。

严子陵是高手，侯霸同样也是高手。有些对历史知识没什么概念的写手认为侯霸不过是趋炎附势的小人，怕严子陵得了刘秀宠信，盖过自己。这完全是无稽之谈，也是以小人之心度君子之腹。

首先，侯霸已经位列三公了。三公是人臣的极限。刘秀就算再喜欢严子陵，他拿什么让严子陵盖过侯霸，难道要让这个在朝堂上毫无根基的人立马开府封王？那简直是天方夜谭。大汉王朝从建立之初就定下一条死规矩："非刘姓不王"。之前功劳大而被封王的那些人，比如韩信、英布都死得很惨。二百年后，曹操挟天子以令诸侯，权倾朝野，混了半辈子，想要当个王，荀彧等人还来反对他。严子陵白身封王压根就是不可能的事情。其次，侯霸当时已经不年轻了。严子陵的年纪比刘秀大，侯霸的年纪比严子陵大。侯霸身居高位，人已步入暮年，还有必要去打压一个白身朋友吗？这样想的人，是不但看小了侯霸，也看小了严子陵，更看小了刘秀。这三个人所处的是一个风起云涌、英雄辈出的时代，而这三个人一个当了皇帝，一个致位人臣之极，另一个则以高士名动天下。那是一般人吗？

严子陵到了洛阳，侯霸来探望他。

这本身是一次极具传奇色彩的高手过招。更传奇的是，这两个人自始至终并没有见面。后来严子陵好歹还见到了刘秀，但侯霸的拜访，仅仅是一封信，两句话：

> 公闻先生至，区区欲即诣造，迫于典司，是以不获。愿因日暮，自屈语言。

而严子陵的回答，也仅仅是一封信，两句话：

> 君房足下，位至鼎足，甚善。怀仁辅义天下悦，阿谀顺旨要领绝。

这两封信，四句话，单看内容，怎么看都是严子陵挖苦侯霸。严子陵是高士，侯霸是小人。但要把双方的背景算上，情况就立马不同了。

我们之前说过，侯霸的年纪比严子陵、刘秀都大，以暮年而至三公，已经达到了人臣的极限。他并不担心严子陵会威胁到他的地位。但是相反，倘若严子陵真的可以顺从刘秀的征召而入朝为官，他倒可能成为侯霸的后备者和接班人，但起码也需要十几二十年。

侯霸这话的意思实际上并不仅是原句的含义"我想马上见你，只因公务缠身，走不开。等晚上咱哥俩唠唠"。

要知道侯霸现在是三公,一般等闲的朝廷政事压根烦不着他,他现在亲自处理的都是王朝大事。哪里来那么多王朝大事?光武帝刘秀春秋鼎盛,龙精虎猛,真有大事那刘秀通过尚书台就直接处理了。

整个大汉王朝,三公的位子虚胜于实,没那么多实事需要处理。但要说是摆设呢,倒也不是。三公是论道之臣。这个"论道"的意思,其实就是帮着皇帝把握王朝的整个走向。那是非常尊贵且重要的职位。

所谓"迫于典司,是以不获"都是托词。但侯霸和严子陵也是故人。他要是没一些真正的想法,也不至于抢在皇帝之前来说这么一句废话。

严子陵是刘秀所喜欢的名士不假,但还没被皇帝接见,不过是个白丁,接见之后会怎么样谁也不清楚。

一言以蔽之,他还没牛到让三公级别的高官主动来曲意讨好的程度。所以侯霸的那句话,其实是另有深意的。

> 区区欲即诣造(我这些年来早想见你),迫于典司,是以不获(因为朝廷上始终离不开我,抽不开身,我不能像你一样选择独善其身的道路)。愿因日暮(可是现在,我已经老了。我时日无多),自屈语言(那么作为老朋友最后的几句话,你愿不愿意听我说。愿不愿意在我身后帮我继续走完我的道路)。

面对着这样的话,严子陵沉默了。但他的回答同样看似简单而蕴含深意:

君房足下，位至鼎足，甚善（你终于达到了你的目标，很好）。怀仁辅义天下悦，阿谀顺旨要领绝（至于我，我已经将仁义作为我的终生信念，再不能回归庙堂作为皇帝一人的附庸）。

这便是两个高手之间的对答。

人们通常都认为"阿谀顺旨要领绝"是严子陵讽刺侯霸的："你就好好地去阿谀奉承皇帝吧，早晚有你砍头腰斩那一天！"实际上他是在隐微地吐露自己的苦衷：老哥，我不像你，在庙堂上混了大半辈子。我的性格和信仰已经不适合当臣僚了。如果我来继承你的事业，将来我的下场会是很惨的。

这层深意，连侯霸派去送信的使者都体会不到。

他跟严子陵说："先生你这个回信是不是太短了，再添两句呗！"

严子陵这时候的名士狂态发作起来："买菜啊？添啥添！（买菜乎？求益也）"

使者讪讪而返。

但侯霸当然看懂了这一问一答间的含义。他将两封书信都密呈给刘秀，他知道刘秀也能看懂。

刘秀接到书信之后，只说了一句话："狂奴故态也。"你小子，这么多年，还是这么狂。

严子陵还没见到刘秀的时候，刘秀就已经明白了严子陵的立场。他知道这个他苦苦找出来的老朋友终究是不能效命于他。既然如此，就好聚好散吧。

于是第二天，刘秀就礼貌性地接见了严子陵。

两个故人整整谈论了一天，具体内容已经无从知晓。但可想而知，他们都很珍重这作为朋友而非君臣的短暂时刻，他们可能很怅惘地一起回忆了过去，回忆年少时意气风发走在长安城里，也可能很淡然地谈论起刘秀的霸业和严子陵的江风，也可能很平静地说起将来年老的事。

这天之后，严子陵就离开了洛阳城，此生再也没有回来过。

此后不久，建武十三年（37年），侯霸逝世。长安城中三人组里最老的一个人走了。

这三个人最后选择的道路各不相同，数十年来也再无多少交集，但他们之间的友谊始终没有消失。

有些不明内情的人将侯霸和严子陵的表面对立视为真正的对立。倘若侯霸真以严子陵为敌而且心胸狭窄嫉贤妒能的话，严子陵之后不过是一个普通渔夫，以侯霸的地位，无声无息地弄死严子陵不会比踩死只蚊子更难，也没有人会怀疑到他头上。

但是没有。

严子陵此后平平静静地生活，一直到老。

四、富春江上有余馨

严子陵回到了故乡会稽,此刻他已经是一位真正的隐士了。此后的半生,他就在富春江边钓鱼度过自己的时光。

中国历史上有许多名人借钓鱼而成名,严子陵在富春江上垂钓并非为了成名,然而他的名声越来越大,关于他的传说也越来越多。

传说,严子陵虽然钓了大半辈子鱼,但是钓鱼的本事却始终平平。他虽然是隐士,但毕竟不是神仙,不能不食人间烟火。可是一天钓上三两条小鱼,猫见了都哭。怎么办呢?

子陵先生成天坐在矶石上发愁。这个消息传到了龙宫里,龙王也十分着急。哎呀,严先生这样的大贤,万一被咱们饿坏了,那可如何是好?于是龙王大施法力,从此富春江里就多了一种鱼叫作"子陵鱼"。

顾名思义,这个就是严子陵先生的鱼。别的鱼,严先生得拿钓竿钓,几个时辰不见一条。这子陵鱼见了严子陵,就自己往水面上蹦。既然江里的鱼都已经叫了子陵鱼,严子陵钓鱼时坐的矶石自然也就改名严子陵钓台。

六百多年之后,另一个大名士来到这个地方,在严子陵曾经坐过的矶石上沉思,据说也钓了一会儿鱼。后来他留下了一首诗:

> 松柏本孤直,难为桃李颜。
> 昭昭严子陵,垂钓沧波间。
> 身将客星隐,心与浮云闲。
> 长揖万乘君,还归富春山。
> 清风洒六合,邈然不可攀。
> 使我长叹息,冥栖岩石间。

那个时代,叫作大唐王朝,写诗的那个人,叫作李白。

严子陵垂钓富春江的那一段,依山傍水,风景秀丽。富春江古已有名,但那座山此后又名严陵山,也是纪念严子陵之意。

来来往往的人都知道这里有一位大隐士,曾经拒绝了皇帝亲召,回到这里来独沐江风。

人们都无比崇敬严子陵的洒脱与自由,但严子陵内心深处究竟是怎么想的,无人知晓。只知道他是光武帝刘秀少数几个朋友里唯一遁世的人。

或者早在当时,严子陵流露出不想做官的意愿时,刘秀就已决定不再挽留。

人才,这天下有的是,未必少了你一个严子陵我大汉王朝就延续不下去了。但我刘秀一生之中堪称朋友的人,真是越来越少。

无数人都在庙堂间的倾轧争夺中失去了当年的友情。那么你选择置身事外，至少也让我的心灵有一个遥远的寄托。

这样很好！我不留你。

刘秀和严子陵之间的敏感关系，此后千百年间无数政治家都有过思考。

严子陵的确是真正的隐士，飘然出尘。然而无论此前此后，再没有任何一个隐士可能像严子陵一样拥有足以左右天下走势的政治影响力。

他是皇帝刘秀的好朋友，或者还是唯一一个超然得足以被刘秀所信任的朋友。即使后来隐士群中出现了山中宰相卢藏用这样的人物，严子陵的真正影响力也绝非他可以比拟。

严子陵和刘秀恰好构成了一朝一野的两极。朝中则为君主，在野则为隐逸。终其一生他们始终小心翼翼地维护着这个精妙的平衡，直至死亡。

金庸先生在他的《鹿鼎记》里借康熙的口对韦小宝说，从古至今英明的皇帝，总有一个好朋友在替他钓鱼。

严子陵和刘秀都是聪明人，他们知道自己需要什么。

严子陵选择隐逸到老，而后不但获取了千古的敬仰，也保全了自己的终生。这就是之前严子陵和侯霸高手过招时的深意。

后来，黄庭坚说：

> 平生久要刘文叔，不肯为渠作三公。
> 能令汉家重九鼎，桐江波上一丝风。

明朝方孝孺亦说：

> 糟糠之妻尚如此，贫贱之交奚足倚。
> 羊裘老子早见机，独向桐江钓烟水。

都点明了严子陵隐居内里的深刻所在。

虽然如此，在严子陵的余生里，他的确是被身为隐士而带来的巨大的幸福和自由淹没了。

他自由自在地生活在汉朝的风和空气里，随着山阴俯瞰流水，大片大片的云朵在他置身的矶石上空白云苍狗一般变幻。直到如今，关于严子陵，还有几句众人皆知的话，那是北宋著名政治家、文学家范仲淹所作。他写道：

> 云山苍苍，江水泱泱。
> 先生之风，山高水长！

严子陵的余馨，始终飘扬在富春江上。

俯仰天地

嵇康

《广陵散》至此而绝

七子和七贤

何所闻而来，何所见而去

清操厉冰雪

一、《广陵散》至此而绝

魏景元三年（262年），大致是秋末冬初之时，来送行的人们都换上了厚厚的衣装。嵇康一袭单衣，踞坐在刑场之中。他抬头看看日影，距离临刑为时尚早，于是对周围的人们说："给我一张琴。"

琴声很快响了起来。曲名《广陵散》，这首脱胎于高山流水的古琴曲，数百年来一直在一些少数志向高洁的名士之间流传。

对古人来讲，琴不仅仅是音乐或一门艺术，更是人格的体现和操守的坚持。理想的人格，是谓"琴心剑胆"。

当此之世，天下间还懂得弹奏《广陵散》的唯有嵇康一人了。而四十岁的嵇康也将在不久之后失去自己宝贵的生命。

罪名极其荒谬。

嵇康是被所谓吕安案牵连而被处死的，而吕安案本身是彻头彻尾的冤案。吕安之兄吕巽奸淫了吕安的妻子，反而倒打一耙，污蔑吕安"不孝"。

中国古代讲究《春秋》决狱，儒家的经典自始至终都是法律的重要组成部分，因此"不孝"才不像今天一般属于道德层面，而是极大的罪名，竟可处死。

吕安是嵇康的好友，要嵇康做证，嵇康义不容辞，便也陷了进去。而对其中实情，在场众人无不心如明镜。嵇康之所以被处死，完全是得罪了当时的权臣司马昭和钟会的缘故。

司马昭是魏国的权臣，后来实际肇建晋朝的主要人物，当时有言"司马昭之心，路人皆知"。他向来不以心胸宽广出名。早在嵇康事发之前，魏国著名的清流世家子弟夏侯玄刚刚死在他的手上。夏侯玄入狱之时，司马昭的父亲司马懿刚刚身故。

狱卒向夏侯玄贺喜，说司马家的首脑人物已死，料想大人不久就可以出狱了。夏侯玄却长叹道，司马懿若在，还能以累世通家子弟的礼节对待我。他死了，司马师和司马昭兄弟怎么还能容得下我？果然他不久便被处死。

夏侯玄和嵇康的境遇相似而实则不同。夏侯玄在大魏王朝中的身份和地位比嵇康要高得多，他甚至亲自主持过魏国对蜀国的战事——以失败了局。因此夏侯玄是司马家族上位过程中不得不除去的人。

反之，嵇康则除名望甚高外，并无多少实际影响。虽然他一直在魏国担任职务，但就本质来说，他是一个隐士。

这也就是我们这部书纳入他的原因。嵇康是一个隐士，而且是一个非同凡俗的隐士，同时他也是一个极少数的被处死的隐士。我们已经浏览过不少隐士的故事，像巢父、许由、吴太伯、伯夷、叔齐、介子推、张良、范蠡、严子陵，没一个是被处死的。

伯夷、叔齐饿死了，是自发行为。介子推被烧死了，实属误伤，晋文公本身并没有杀他的打算。只有嵇康是实实在在不折不扣地被处死了。

对于做了半辈子官的嵇康来说，他隐士的成分比起做了半辈子隐士的卢藏用之流还要多。

从那时起至今近一千八百年，嵇康的风范仍然深深影响着每一个有着隐士情怀的人。

嵇康在他人生中的最后时刻，在萧瑟秋风和纷纷秋叶里又弹了一遍《广陵散》。从始至终他的琴音中没有出现任何波动，这说明他的心弦依然平静。

他一曲抚毕，按住琴弦，环顾众人，人们还都没有从他优美高洁的音律和气度之中醒觉过来。

回首前尘，嵇康也不免惋惜。他说："当年袁孝尼想跟我学这曲《广陵散》，我始终没有答应。现在也颇有些后悔。《广陵散》曲子，从此绝了。"

言讫，身死。

大片飘零的枯叶被风卷到刑场犹未干涸的血污之上。

二、七子和七贤

魏晋是隐士最难存活的时代之一,原因我们在严子陵的故事里说过,年头太乱。

从桓灵之时黄巾之乱起,诸侯联盟讨董卓,袁曹争霸,赤壁之战,夷陵之战,淮南三叛,一直到公元280年三国归晋。上下三百年间,没几天消停日子。到三国时代结束的时候,天下总人口才一千来万。即使把逃瞒人口计算在内,仍然是一个令人触目惊心的数字,这足以说明鼎盛时期逾五千万人口的大汉王朝在三百年动乱中是怎样的枝叶凋零。

年头这么乱,隐士们不好活啊!隐士也是人,也有一条命,也得吃饭。"白骨露于野"的环境中隐士也活不下去,被乱兵来上一刀,也得死。

魏晋时期的隐士面临着比以往任何时代都艰难的处境。这个时代不是没有隐士,相反还不少。

无论数量还是质量,魏晋的隐士群在中华隐士历史里都算名列前茅。他们可以分成两大类：

一、有政治影响力且依附于王朝的。二、没有政治影响力且不依附于王朝的。

魏晋时代，即使是像白衣管宁那样志向高洁的隐士，本身绝不屑于对任何权力的追求和依附，能生存下去极大程度上还是归功于他的政治影响。接纳管宁归隐的诸侯需要以他的声望来打造自己的形象，其他诸侯也需要以尊重管宁的方式来彰显自己的仁德。

管宁在辽东隐居之时，无论来自中原还是来自辽东太守公孙家族的使节官员不绝于路。管宁和与他一起隐居的邴原、王烈诸人身上都有曹魏王朝的官职，而和管宁、邴原齐名的华歆本身就是曹魏高官。

比起披着块老羊皮在矶石上钓鱼的严子陵，这些人要牛得多了。严子陵虽然是光武帝刘秀的至交好友，但他选择了隐居就是隐居，刘秀再没有三天两头派使臣前去问安送礼，严子陵身上也没带着东汉王朝的官职。但这并不是说管宁、邴原诸公就比严子陵世俗，东汉王朝刘秀平定天下之后，进入了一段长达二百年的和平时期。所以严子陵有资格优裕自如。而魏晋时代兵荒马乱，管宁、邴原之流没有朝廷的认可，很难生存。

和他们相对应的"没有政治影响力且不依附于王朝"的那批隐士过得极惨。比方说隐士焦先，穷得连立锥之地都没有，自己做了一个"瓜牛（即蜗牛）庐"勉强遮风避雨。没有社会地位，没有正常的生活来源，他们就是在这样乞丐一般的境遇里坚持着自己的隐居生活。

所以在这个时代里，隐士们不得不选择折中调和的方式。他们部分地依附于朝廷来保证其起码的生存条件，与此同时在人格上坚持着相当的自由和独立性。

以嵇康为首的"竹林七贤"就是其中杰出的代表。

竹林七贤是魏晋时期七位著名贤者的集合,分别是嵇康、阮籍、山涛、阮咸、向秀、刘伶和王戎。

这个时期,内忧外患,矛盾空前尖锐,人们的思想和信念激烈动荡。七贤皆有文名,但相较于之前的"建安七子",他们更注重思想和哲学上的解放与革新。

建安七子除孔融之外皆是曹魏王朝的文臣,他们的政治附庸和思想附庸始终没有消除。相反,竹林七贤虽然也因现实所迫不能放弃政治上的附庸,但他们在具体生活中则特立独行,不以王朝为意。

比如阮籍经常驾车远走郊外,直到日暮途穷,不能再前进才痛哭而返。这一批具有哲学精神和文化素养的时代精英就是用这样一种放荡不羁乃至于癫狂的态度间接地对抗着这个王朝。

七贤之中,嵇康位列首席,自有其道理。这是个无论从哪方面都撑得起来的人物。

论外表,嵇康风度翩翩,无论正史、笔记、家传都有记载。

《世说新语·容止》里就专门夸过嵇康:

> 嵇康身长七尺八寸,风姿特秀。见者叹曰:"萧萧肃肃,爽朗清举。"
>
> 或云:"肃肃如松下风,高而徐引。"山公曰:"嵇叔夜之为人也,岩岩若孤松之独立;其醉也,傀俄若玉山之将崩。"

"玉山将崩"这个成语就是从嵇康这来的。虽然这个评价是山涛给出的，而山涛是嵇康死党，似乎有吹捧之嫌，但嵇康的外表是值得肯定的。而魏晋时期的所谓月旦评，到后来也的确变成了一堆名流雅士磨嘴皮子的滥觞。

论身份，嵇康也不一般。他祖上历代官宦，地位虽不甚高，终究不是平民。而且嵇康的夫人是曹魏宗室沛王曹林的女儿，算起来也是大魏王朝的国亲——后来嵇康被处死的重要原因之一。

论才学，嵇康更是当仁不让地为竹林七贤之首。

所以这样一个外表、家世、才学俱好的人物，很容易引起上至朝廷下至山野的许多人的注意。

魏王朝三少帝依次执政期间，竹林七贤的声望很高，风头一时无两。无数贵家公子企图结交或试图效仿七贤的做派，也装模作样地拿着酒壶到竹林里聊天，竭力做出披襟当风的潇洒神态，或者也学他们吃五石散。

五石散这东西，本来是治伤寒杂病的，后来魏晋人士把它当作养生求仙的一剂药方，但因服用后能使人"神明开朗"，名士们竞相追逐。

嵇康这个人在魏晋时期绝对是一直被模仿、从未被超越的时代巅峰。他极有个人风格的业余爱好令他的追随者们抓狂，那就是打铁。

即使是风度翩翩的嵇康，在铁匠铺里也只能是一般铁匠的经典造型——拿布裹住头发，袒露上身，炉前挥汗如雨。火星像火树银花一般溅射在他结实的胸膛上，常人离老远看了都会觉得难以忍受，但嵇康行若无事，乐此不疲。

同属七贤之列的阮籍就自己挑了一个步兵校尉。后来江湖人称阮步兵。这个步兵校尉看似是武官，其实不打仗。

阮籍挑那个职位是因为那个职位有福利。汉魏官职是属官制，每个主官都附带一堆乱七八糟的小衙门,所谓官厨财籍。这里的"厨"不是现在的厨房,不过意思也相近,就是负责给主官弄好吃的。步兵校尉的"厨"的酒酿得特别好。

阮籍有官职之后成天大吃大喝,十分逍遥。

阮籍都做得到,嵇康自然也做得到。以他的身份,饱食终日是一点儿问题没有的。

但嵇康还是选择了打铁。内中原因无人知晓,可能是为了锻炼身体。

后来晋朝的时候有一位大将叫作陶侃,闲着没事锻炼身体的方式就是搬砖。一堆砖从院子里搬到院子外,再从院子外搬到院子里,也不嫌烦。

这位陶侃将军有个后代子孙叫作陶潜,就是我们下一章要讲到的陶渊明,这里先提一句。

且说,嵇康选择了打铁。这个非常有个性而且很专业的爱好终于扼杀了他的模仿者。那时候整个大魏王朝无论上下,一说起打铁就会想到嵇康。只此一家,别无分号。

竹林七贤的另六位虽然也都是大名士,比方有一位叫刘伶的,就是后世尊奉为"酒仙"的人。"刘伶醉"的典故至今犹有余馨。但这些人的故事跟嵇康的打铁比起来,那就都得瞠乎其后。

嵇康一个人的名声远远超越了他们所有人的。尽管他不想出名,名声却掩不住地越来越大。这才有人前来拜访。

前来拜访他的人,是嵇康的宿敌。此人也是一位年轻的世家公子,很有才能。他的名字叫作钟会!

三、何所闻而来，何所见而去

我们之前说过，嵇康之所以在王朝里这么有名，无非三大要点：相貌、背景、才学。但无论这三样中的哪一样，钟会都有可以跟嵇康一较高低的实力。

钟会年纪比嵇康小一些，当时是王朝中崭露头角的少年英杰。

钟会他爹叫作钟繇，这个人可是曹魏时期的大腕，从汉末就开始跟着曹操。曹丕篡汉建立魏朝的时候，钟繇是他的三公之一。

三公这个级别，我们在严子陵的故事里说过，未必很有实权，但是地位相当牛。所以钟会的起点是很高的，包括辈分。钟会他爹钟繇生他的时候年近七旬，那时候钟繇的长子钟毓都一把年纪了。

钟会是大魏王朝数得着的神童，十几岁的时候已经遍通经史，相当有才。

神童和普通人的确是不一样的。普通人四十岁左右基本也就爬到郡守一级，但钟会四十岁的时候已经提重兵灭了西蜀，又回兵造反，最后把自己弄到族诛了。这是后话。且说当时年轻的钟会无疑有着很大的雄心和抱负。他不想像他哥钟毓一样循序渐进，他希望一举成名！而要达到这一点就需要想方设法令自己声名远播。所以拜访嵇康是个好办法。

如果大名士嵇康可以和钟会说几句话，甚至成为朋友，年轻才子钟会就会迅速变成小名士钟会乃至大名士钟会。他有了名声之后，很大可能可以在仕途上飞黄腾达。所以钟会前来拜会嵇康。

嵇康这时候正在打铁。

满身油汗的嵇康压根没有正眼看过钟会。那时候嵇康粉丝很多，每天都有类似的人来拜访，这些人大多不外乎两种：俗人或非主流。两种都是嵇康所鄙视的。

在嵇康心目中，这个前来拜访的少年贵公子无疑是一个俗人。所以他以对待俗人的方式对待钟会，直接一个大白眼。

但他忽略了一点。钟会的的确确是一个俗人，他的心里堆满了对权力的无比向往，他每一步行动都是为了这个实实在在的目标。然而同时，钟会也是一个相当有才能的俗人。试想一个三十多岁就能统领雄兵攻破异国的人，那能是善茬吗？钟会既然对功利充满了野心，他的作为也就因此而带有强烈的目的性。在他的路上，非友即敌！他来找嵇康帮助他成就声名，之前就没有打算过给嵇康留出中立的余地。要么，嵇康识相帮助他成名；要么，嵇康就是他的敌人，他这一生必然要把嵇康弄倒。这就是钟会的个性。而相对来说，即使嵇康有弄倒或毁掉一个人的实力，他都不屑于去实施。对他来说，在自己的心目中将人划界已经是很好的处置方式。

于是，嵇康和钟会这场宿命般的会面开始了。

会面的双方都是高手，就像严子陵对侯霸一般，而所区别的是严子陵和侯霸本身是好友，双方有默契。而嵇康和钟会之前素无恩怨，此后却只能各行各路，泾渭分明。

这场经典的会面，周围不乏观众。

我们说过钟会的地位高，条件也不错。他身边不缺与他交游的其他公子或者攀附他的门客。

那是一个赤日炎炎的下午，钟会洁净华美的长袍上一尘不染。他的脸上堆着矜持的贵族式的笑容。而嵇康仍然是一副铁匠的装备，抡着大锤在铁砧上乒乒乱砸。嵇康全神贯注，火星四下迸飞。

"叔夜先生。"钟会用他所能发出的最谦和的声音向嵇康说道，"小子钟会，慕名特地前来拜会叔夜先生。先生天下高贤，望请明以教我。"

嵇康压根没回答。他只是望了望钟会。

与钟会同来的世家公子们可能事先已经尝过了被拒绝的滋味，看到比他们更卓越的钟会照样吃瘪，一边惊异于嵇康的狂傲，一边内心里又隐隐感觉到快意。

然而出奇的是，钟会挨了嵇康白眼之后居然不愠不怒。他的态度仍然谦和，笑容也似乎真切。

嵇康对其并不理会，继续转过头去全神贯注地打铁。钟会也就在一边不失风度地站着，似乎看得还很投入。嵇康不跟他说话，他也不再问。

围观的人都很诧异，钟会年纪轻轻，居然能如此沉得住气。

这样半个时辰过去了，一个时辰过去了，嵇康仍然在全神贯注地打铁，钟会也依然不失风度地等候着。众人都沉默了，而这沉默令人不安。

结果最先打破沉默的居然是嵇康。他仍然没有抬头，却问钟会道："何所闻而来，何所见而去？"

"闻所闻而来，见所见而去。"钟会从容答道，而后振衣而起，登车远去。

直到他的车马已经消失在远处的烟尘里，嵇康才抬起头，沉默地望了一望。

嵇康明白，自己可能小看了这个年轻人。他本以为这个人不过也是一个妄图附庸风雅的世家纨绔子弟，但钟会的回答则清楚地表明，他有着非常明确的个人意志。

这种个人意志倘若是非功利性的，那么他和嵇康实际上就是一种人。但钟会对功利的欲望始终不曾断绝，那么他们就是天敌！不久以后，钟会就依附了司马家族。

司马家族在魏末的兴起富有传奇色彩。之前，司马家族的实际兴盛者司马懿以世家大族家主的身份名列魏文帝曹丕的"四友"之一，与陈群齐名。

曹丕四十岁驾崩，其子魏明帝曹叡只活了三十六岁，这两代皇帝的短命令司马懿得以慢慢掌控朝政，剪除宿敌，直至权倾天下。

司马懿凭借长寿成为他那个时代最后的胜者。司马懿的两个儿子司马师和司马昭继续其父的事业，司马篡魏的趋势越来越明显，以至于有"司马昭之心，路人皆知"的说法。

这些事情，嵇康自然都清楚。即使本质上是一个隐士，毕竟身近庙堂，嵇康知道自己身份敏感，在司马家和曹家的斗争中，他必然会被卷入其中，直至粉身碎骨，而钟会那样的人则会利用机会抓住权力。

但他别无选择。

四、清操厉冰雪

这时候发生了一件事,就是竹林七贤的分裂。

起先这七个人以志趣相投而互相结交为友,本身是松散的组织。虽然论声名以嵇康为首,其余六人却并不归嵇康统领或控制。而对这些富有隐士气质的人来说,统领控制别人或被别人统领控制都是肮脏的事。

然而在天下大势的演化过程中,七贤中有些人却渐渐顶不住来自朝堂上的压力,由表面上借朝廷力量容身转变成了真正参与政局。倘若是王戎这样做,嵇康或者还不以为意。但投向朝廷的另一个人是山涛!这令嵇康十分震惊。

山涛在七贤中的地位和声望仅次于嵇康,而与阮籍相若,也是王朝当代有数的大名士。他改弦更张投向朝廷,确切说是投向司马氏,嵇康极为痛惜。虽然他们之间有着长达数十年的友谊,嵇康还是断然写下了《与山巨源绝交书》,与山涛绝交。

这篇文章是中华古文中的名篇,限于篇幅,不能引述。

而后，竹林七贤作为一个群体也就不复存在了。嵇康和山涛，终于分道扬镳。

但这两个人之间的友谊实际上却没有断绝。作为竹林七贤里年纪最长的人，山涛是有苦衷的。

其实不只是他，所有人都看出来司马家与曹魏之间的矛盾越来越尖锐，既有曹魏亲族身份又生性狷狂的嵇康一定难以免难。更不要说钟会已经凭借才干成为司马昭的亲信，倘若被他抓到机会，火上浇油是一定的。与嵇康、山涛相齐名的阮籍那时候就已经闭上嘴巴，再不乱议论人或朝政，除酗酒外一无所为。

而嵇康的性格则是他不喜欢的永远不会喜欢。他不懂得曲意敷衍，不懂得随波逐流，甚至也不在乎自身的毁灭。然而山涛不能不管。

他或者救不了嵇康，但他一定会做一些事情。这是两个表面上已经绝交了的挚友的默契。

于公于私，嵇康都宁可舍弃自己的生命来坚持伟大而高尚的人格。他虽身为王朝贵戚，但始终都是一个出世者，然而山涛却只能选择出世之后重新入世。

这个重任，七贤中也唯有他能担当。因为山涛和司马家族能扯上点儿亲戚关系。

司马昭既然看嵇康不顺眼，自然处心积虑地想拆散七贤。在这种情况下，七贤中仅次于嵇康的山涛主动来投奔，司马昭自然十分欢迎。山涛和司马家族的良好关系此后保持终生。

等到司马昭的儿子司马炎做皇帝，改魏为晋的时候，山涛在晋朝一直坐到吏部尚书的高位。

在他的护佑之下，景元三年嵇康的死亡最终只限于他。七贤中其他人都没有受到牵连。

而嵇康自知必死之前，也将他唯一的儿子嵇绍托付给了山涛。山涛像对待自己的儿子一样始终保护着嵇绍，直到嵇康的仇人钟会和司马昭相继离世。司马炎并不清楚也不在意当年那点儿恩怨，山涛才珍而重之地把嵇绍托出来，在晋朝为臣。

值得注意的是，嵇绍后来成了晋朝司马家的忠臣。后来文天祥做《正气歌》里边有一句"为嵇侍中血"，那个嵇侍中就是嵇绍。那时候已经是司马炎的儿子晋惠帝司马衷时期，天下大乱，嵇绍为了保护司马衷被乱刀砍死，血肉直溅到龙袍之上。

司马衷是个有名的呆子，天下饥荒的时候问老百姓为什么不喝肉粥的那位就是他。但就是这样一个呆子，等到大乱平定之后人们要帮他换去已经满是血污的袍服时，司马衷紧紧抓住袍服，怎么也不松手，喃喃地说："这是嵇侍中的血！这是嵇侍中的血！"

命运有时候是轮回的。

司马家兴盛时的首要人物司马懿长寿，但他的儿子司马师、司马昭，孙子司马炎的寿命却都不长。

嵇康因为不屈服司马家的压迫而失去了生命，他的儿子嵇绍却成了司马家念念不忘的功臣。

其实就嵇康而言，他不满司马家族，也并不是因其身为曹魏亲族。

司马家取得天下在某种程度上不过是之前曹家取得天下的翻版。曹操对孤立无援的汉献帝和衰微汉朝的残忍手段并不比日后司马家族对曹魏孤儿寡妇来得更温柔。曹家的帝王宝座和司马家的帝王宝座一样鲜血淋漓。在这件事上几乎没有道义的容身之所。

而嵇康所坚持的信念是隐士的信念，是上承伯夷、叔齐的那种对暴力手段的强烈鄙夷和对独立人格的无比尊崇。为此，嵇康可以不惜身死。

三国魏景元三年，时令大致是秋末冬初。

嵇康端坐在刑场之上。

前来观斩的人们中，有像山涛这样的从前至交，也有曾经挨过他白眼的那些公子。

钟会却没有来，或者来了而没有现身。或者他隐藏在一个偏僻的角落，冷酷地看着刑场上的嵇康。

钟会一向不是个宽宏大量的人。即使此时目睹嵇康死于刀光之下，对他的仕途并无助益，不过是报复一下宿怨而已。

无论如何，这一天，在《广陵散》的琴音慢慢消散在微风中的时候，属于嵇康的时代已经结束了，而属于钟会的时代刚刚开始。

此前数年，嵇康在山中遇见孙登。孙登是属于和嵇康相对的另一种隐士。我们在篇首说过，这个时代的隐士大致分两种，不得不借助朝廷之力的和甘于忍受非人条件的。孙登即属于后者。

在世俗人的眼中，他避居深山之中，仿佛野人。但嵇康知道孙登其实也是非凡的人。嵇康和孙登都属于这个时代里的杰出隐士，而人生道路不同，彼此互相知名，而没有深交。

但当那一次两人相遇的时候，孙登瞪着嵇康说道："阁下才学不凡而性格激烈，生逢今世，可以幸免吗？"

嵇康默然不答，转身离去。当他走出山谷时，听见孙登的长啸声像龙吟一样在山谷里回响。

作为一个隐士，嵇康格外与众不同。孙登评价他的两个方面——性格激烈、才学非凡，都完全说中了。嵇康是自伯夷叔齐以下历代隐士中第一个被朝廷处死的人，同时也是伯夷叔齐以下历代隐士中第一个留下大量著作的人。

其他隐士，诸如许由、伯夷、叔齐、吴太伯、介子推、范蠡、张良、商山四皓乃至严子陵、管宁、胡昭诸人，虽然均有才名，但流传后世的作品很少，这些人更多的是作为一种精神象征乃至图腾存在着。只有从嵇康以下，隐士们才实实在在地流传下了大量的著作。这些著作不但推动了同时代的文学发展，同时也反映出隐士们高洁的人格和伟大的情操。

就此而言，嵇康的死亡正预示着一个新的隐士时代的开始。

不为五斗米折腰

陶渊明

将门之后
宦海沉浮
不为五斗米折腰
诗酒流芳

一、将门之后

> 结庐在人境，而无车马喧。
> 问君何能尔？心远地自偏。
> 采菊东篱下，悠然见南山。
> 山气日夕佳，飞鸟相与还。
> 此中有真意，欲辨已忘言。

这首妇孺皆知的诗是《饮酒》组诗二十首之一。

作者姓陶，名潜，字元亮，是东晋末期的人，还有一个名字叫作渊明。陶渊明这个名字，更为人所熟知。他是有史以来知名度最高的隐士之一。

隐士的历史发展到东晋时代，情况就更与前不同了。这个朝代有两个显著特点：一个是乱，一个是等级划分极为森严。

这个还要拜汉末曹操手下的陈群所赐。陈家是汉末有名的世家，陈群得以名列曹丕四友之首，排名还在司马懿之前，足以说明其家的强盛程度。他鼓捣出个九品中正制来，本身是为了保护豪族。

其实豪族相对普通庶族乃至对老百姓的优势，有汉一代谁都看得出。但陈群这个九品中正制在制度上巩固并强化了这一现实。晋朝篡夺的是魏朝的江山，一应政策一概不大动。

这个九品中正制度搞到晋朝的时候，就已经变得神圣不可侵犯，大家族在这个制度的帮助下几乎掌握着王朝的所有权力，其势力比坐在深宫里的司马家的皇帝还要大。这就是中国历史上著名的门阀豪族现象。这些门阀欺负皇亲国戚或者干脆挤兑皇帝的故事，我们已经听过很多。在著名的石崇和王恺斗富的故事中，两个人一个是皇亲，一个是门阀。

晋朝又分西晋和东晋，西晋一直在打仗。先是司马家自己打内战，即八王之乱。然后少数民族纷纷加入，五胡十六国时代就是从此开始的。这段时间以来中华大地上的战争无论频繁度还是残酷度都可以名列各王朝之首，隐士们压根没的混。

到了东晋，隐士们偏安一隅，龟缩不动，才有了安静日子可以过。

陶渊明的降生，就在这个时候。

陶渊明是浔阳柴桑人。或许是因为浔阳在古代属富庶之地，所以这里出过不少有隐士情结的人。他的曾祖父叫作陶侃，就是我们前面曾经说过的那位爱搬砖的老兄。他在和平年代不忘锻炼身体，果然打起仗来神勇无比，后来成了晋国的名将。

然而世道一旦和平，军功是最容易贬值的。后来南宋中兴四帅那么大的功劳，韩世忠也只能老老实实找个地方养老，何况陶侃仅仅是晋国名将之一。

他的子孙到陶渊明这代，已经只能算家境平常了。更重要的是，陶家虽然是将门之后，但却不是士族，只能算普通的庶族小地主。而这一身份上的差距带来的影响则是很深远的。

那时候"上品无寒门，下品无势族"，势族者，士族也。士族门阀的势力强盛至极，像东晋时顶级的王、谢诸姓，乃至次一级的张朱顾陆、崔卢郑李之流，随便哪一姓都是几万家聚集在一起的超级大士族，只跟门第相若的豪族通婚，有时候连皇族都看不上眼。不是他们家的人在仕途上根本混不出来。也就是说，陶渊明是我们这部隐士传里第一位前途早已注定的隐士。

其他隐士倘若真想投身仕途，多半还是很有发展的。比方严子陵若想做刘秀的官，还是可以实现的。但陶渊明就算再努力，前途也有限，最多到四五品的小官就注定混不上去了。

要说这个时代庶族完全不能出头，倒也不见得。起码有两条路，第一条是等战乱的时候投身为将。将领们多半是要在战场上真打真杀的，那帮坐久了都嫌骨头疼的士族子弟压根干不了。第二条就是当佞臣。士族们说是不忌惮皇帝，但名义上皇帝还是本朝最高首脑，他的宠臣仍然掌握着相当的权力，大士族也不能不给几分面子，当然背地里总是不屑而已。

这两条里，宠臣、佞臣陶渊明肯定干不了，当坏人也是有"技术含量"的，不只是不要脸就行的。无论哪方面陶渊明都没资格。所以他唯有指望军功。

至今从陶渊明的某些诗篇里仍能看出他曾经雄壮的志向，可惜的是，东晋承平日久。除了前秦倾国而来，不得不打的那一仗外，东晋对打仗的态度是能不打就不打。

后来南宋被金国赶到偏安一隅的地步，就有不少人借东晋来讽刺朝廷。陶渊明等啊等啊，等了一世，他所盼望的战争也没打起来。

陶渊明在我们介绍的这些隐士里首开了一个纪录：他是至今为止第一个政治影响力弱到与国家级人物没有交集的大隐士。

其他的隐士比方许由可以直接跟尧对话，伯夷、叔齐可以跟周武王对话，介子推是晋文公死党，严子陵是光武帝刘秀至交好友，范蠡、张良都是一国卿相的级别，连嵇康好歹也是魏国的亲眷而被司马昭所嫉恨——司马昭后来被追认为皇帝。

只有陶渊明，他的政治影响力大致也就是郡守级别。王谢大族的族长或者东晋王朝的皇帝压根就没听过陶渊明这个名字，或者听到了也不以为意。他们自己家的所谓大名士有的是，举例子说，王家的王羲之，谢家的谢灵运，直到今天，以旁观者的角度，这两个人在文学史上都是与陶渊明不相上下的名人。

陶渊明在乡间土屋里哆哆嗦嗦地度过寒冬的时候，王羲之连郡守一级的官员都懒得去做，谢灵运守着足以令陶渊明瞠目结舌的广大田产还贪婪不满足。

但就在这样的环境里，陶渊明像一朵静谧开放的菊花一样，默默无声地将自己的芬芳播撒开来。

陶渊明的家族到他这一代已经没落，不足以与那些大士族相提并论，这也是相对而言。相对普通老百姓，陶渊明还是不错的。虽然上品豪族几乎把持了所有中高级官员的任免，低级别的小官，陶渊明还是可以做一做的。

他的第一个官职是本州的祭酒。官职不大，琐事不少。没干多久，被琐事烦得头大如斗的陶渊明就忍受不了，辞官回家了事。

其实这个就是他理想主义的表现了。祭酒本身是闲职，或者说在当时的东晋王朝，只要不想干，所有官职都是闲职。连丞相级别的谢家领袖谢安本人也就是每天下下棋、聊聊天、喝喝茶、弹弹琴、兜兜风，比神仙还逍遥。

他们注重培养上位者的风度和意识，至于具体事务到底应该怎么处理，不好意思，这不在其考虑范围内。你们只要知道大贵族就是像他们这样雍容华贵、举止从容、油瓶倒了都不扶就对了。

东晋居然没有被前秦灭掉，恐怕连谢安自己都没想到。宰相三公级别都如此，何况陶渊明一个小小的祭酒。他拿了朝廷的俸禄，每天就是上班睡觉，其实也没人管。

但那时候陶渊明还年轻。他是名将之后，曾祖父的雄风壮志在他的骨髓里尚未冷却。年轻的陶渊明不懂得在这样的时势里明哲保身才是处世之道。他雄心勃勃、全神贯注地投入事业中去，而后发现这活不干没多少，怎么越干越多？

他陶渊明埋头拼命干活，可抬起头看看，懒得干活的同僚上司多了去了，乐得把所有包袱都甩给陶渊明一个人背。

陶渊明从州祭酒的位置上灰溜溜地退下来，回到老家躲在小屋子里舔伤口。

年轻的陶渊明不明白，身为臣子不是就应该尽忠职守吗？为什么会有那么多官僚拿着俸禄混日子呢？这样下去这个王朝最后将会是什么结果呢？为什么自己勤勤勉勉地干活，每天从白到黑，结果连一个好眼色都得不到呢？

年轻的陶渊明很郁闷。这是他第一次知道了现实的复杂和无奈往往不能被经史所容纳。他的纯粹的理想在与现实的初次交锋之时就遭受了重创。积极的进取既然不容于世，消极的避世隐居思想就此萌生。

可以说从第一次任职失败起，陶渊明就命中注定将成为一位隐士。但此刻他自己尚不知晓。

二、宦海沉浮

休养了一段时间之后，不信邪的陶渊明复出。

这一次是远赴江陵，在江州刺史桓玄的手下任参军之职。

上次文职失败，这次改回武职总行了吧？

当兵的人性格比较直爽，不像州郡里那些老油条满脑袋歪门邪道。

可是这一次，陶渊明又失算了。这不能怨他。那时候陶渊明还只是一个初出茅庐的年轻小伙子，家庭背景简单，不足以辨明天下形势。

要知道当年诸葛亮号称躬耕于陇亩之中，他的亲戚朋友也是遍布整个荆襄，荆州牧刘表是他拐弯的亲戚，刘表的府第他可以推门就进。所以才能够总括各家情报，在草庐之中纵论天下大事。

陶渊明就不行了，之前他就是一个基本没有背景的州郡吏，没人提携指点，也没有够分量的情报，一切的见解都只能靠自己的眼睛。所以他对桓玄这个人的了解不够深刻。

他只知道桓玄是个很有能力的文武双全的刺史,却不知道这位实际上是一个枭雄!

桓玄的野心不是一天两天才有的,他父亲桓温那一代就已初露端倪,所以随着桓玄成为建康皇城之外权势最大的臣子,朝廷也对他颇有戒心。

而陶渊明一开始竟没看出桓玄幕府和东晋王朝之间剑拔弩张的态势。他兴冲冲地前去赴任,到了那边没几天,置身其中,才感觉到自己仿佛已经骑到了老虎背上,上也难上,下也难下。

陶渊明的位置可以接触到桓玄方面级别不高的情报,但就这些资料也已足够证明桓玄的谋反正一步步地按照计划执行着,且没有什么可以动摇他的决心。

陶渊明还知道桓玄虽然文武兼备,但其势力并不足以推翻东晋建立一个新的王朝。破坏容易重建难,首先桓玄身边就没有合适的储君和足够的储备官员。

陶渊明明白,无论桓玄是胜是败,自己都没什么好处。胜了的话,桓玄身边的高级官员有的是,轮不到他被重视。败了自不必说,附逆之臣,被晋朝抓到要砍头的。倘若只是个人的生死荣辱,倒也罢了,可战争一旦打起来,不免生灵涂炭,最后受罪的还是老百姓。

而最后一条才是陶渊明所不能忍受的。

他决定再次离职。

再次离职没那么好离,虽说他在桓玄手下级别不高,到底也算是桓玄的人。

那边在准备造反,当然不会让你随便跑出去乱喊乱叫。所以陶渊明这次离职不得不找了一个冠冕堂皇的理由——他的母亲逝世了,他得回去奔丧。

陶渊明的第二次任职生涯就此结束了。而就在他走后第二年,桓玄正式起兵!

桓玄这次起兵,准备充分。朝堂上的司马家族措手不及,竟然抵受不住,以至于被桓玄成功攻取建康,控制了皇帝。

有人可能奇怪堂堂一国皇帝怎么就那么好控制,其实原因很简单。当时东晋王朝的强盛势力都在各世家大族手里,司马家不过是他们的傀儡而已。

桓玄的兵锋直指司马家,并不是和所有世家大族较劲,就连桓玄本身也是世家大族的一分子。所以这些手握重权雄兵的大世家乐得看热闹。

至于结果,桓玄杀了东晋权臣司马元显,逼迫安帝司马德宗,显然是想自己做皇帝。桓玄身边文官有限,自己做了皇帝,想掌控天下不得不借助各世家大族的力量,也就是说他们实际上毫无损失,完全坐享其成。

朝堂之上没有指望了,地方上忠于王室的忠臣义士依然层出不穷,接二连三地跟桓玄作对。桓玄兵势虽大,但这些小势力像苍蝇一样东一个西一个,也棘手得很。这间歇性的战争一直打了两年。

而在这两年之内,陶渊明始终避居在家里。两番仕途受挫的陶渊明利用这个机会彻夜苦思,想知道究竟哪里出了问题。他的生活就已经接近真正的隐士了,但他从小树立起的建功立业的志向并没有彻底磨灭。

就在这时候,在北方,一个崭新的英雄崛起,英勇地抗击着桓玄。

两年的时间里被无数小袭击弄得师老兵疲的桓玄部队在这个人的攻势前节节挫败。一时间整个东晋王朝都对这个年轻的英雄刮目相看，视他为王朝最后的救星！

这个人，就是刘裕。

陶渊明一跃而起。他认为自己的时机已到，他终于遇到了命中真正的英雄之主。

已经渐渐体会到俗世炎凉的陶渊明再一次开始了他的仕途，这一次他要辅助的是年轻的英雄刘裕。

不得不说，陶渊明的两次选择质量都还可以。桓玄和刘裕，都是足以改变王朝命运的大人物。问题在于他所看到的也是王朝人所共见的事实，并没有前瞻性。

政治敏感度不够这个缺点，陶渊明一生都没能克服。当他昼夜兼程赶到刘裕帐下时，统领着北府雄兵的刘裕已经成功地把桓玄从建康城里赶了出去。

刘裕一时间声名鹊起，备受瞩目。连建康城里那些已经把傲慢当成人生信条的世家大族争先恐后地与他结交。这时候投入刘裕帐下的一个三十多岁的籍籍无名的小参军，根本没有受到重视。当年刘备在草庐之中三请诸葛亮，而后君臣之义至死不泯，不仅仅是因为诸葛亮才干为世之冠，更重要的是，他恰好出现在刘备最需要他的时候。

而陶渊明在治世才略上无疑远不如诸葛亮，出现在刘裕身边的时机又不恰当，这导致了他第三次出山失败。

尽管刘裕对他并不重视，但毕竟是加入了刘裕的幕府，像之前投奔桓玄一样,他可以身临其境地感受到这些大人物身边的氛围。

对陶渊明而言,刘裕无疑是英雄。他曾经有单枪匹马驱赶一千余贼寇的神勇之举,他的雄才大略也并非桓玄所能企及,更重要的是他还年轻,他和他的部属们朝气蓬勃,然而隐藏在这一切光环之下的真实意图,陶渊明感觉得到。

尽管刘裕驱逐了桓玄,但他本质上和桓玄一样,也从不打算真正尊重司马家的帝位。

刘裕,同样是一个有野心的人!

然而,这时候陶渊明的少年壮志却已经消磨殆尽。他的一生中曾经遭遇过庸主、枭雄和英雄,然而无论哪一个都各怀心事。陶渊明找不到和他志向相投的人,只能再度黯然离去。

这一次他知道,属于自己的复出机会恐怕不多了。他的理想和志向在这个乱象萌生的时代只能存在于自己诗篇里。他在现实中碰得头破血流。

后来他曾经写过两句诗:"刑天舞干戚,猛志固常在。"作为"猛士"的陶渊明的入世之旅,基本上是失败的。

此后不久,他担任了彭泽县的县令。这是他一生之中最后一个官职。

官位不大,但足以勉强养家。而且更重要的是,好歹是一县之长,在自己的一亩三分地上,不用再看别人的脸色。

这时候陶渊明已经四十来岁。这个年纪才混上县令,仕途可以说是很坎坷的,但陶渊明自得其乐。

彭泽并不是如何重要的县,但民风淳朴,倘若不是不久之后发生了一件事，或者陶渊明会在这个位置上逍遥终老。

但这件事终于发生了。它宿命般地终结了陶渊明的仕途生涯，却成就了中华史上光辉绚烂的隐士陶渊明！

三、不为五斗米折腰

就在陶渊明就任彭泽县令之后不久,州里的督邮前来视察。

督邮这个职务,级别不大,权力不小,附属于州郡,负责对下属各郡县的监察,是个很能耀武扬威的角色,专门找县令的麻烦。

还记得《三国演义》里刘备好不容易混了个平原县令,就是被督邮横挑鼻子竖挑眼,最后张飞大怒,把督邮捆在树上结结实实打了一顿。

陶渊明不是刘备,他身边也没有张飞那样的猛将。所以即使这个督邮没有刘备遇到的那个督邮那么讨厌,引发的后果还是相似的。

督邮大驾还没到,消息已经先传过来了:

"本督邮老爷奉了郡守大人的命令下来查考,着令彭泽县令陶渊明好生准备迎候。"

这时候的陶渊明已经在官场上历练多年,高层的算计,他没有,但这点儿眼面前的伎俩他还是看得懂的。

督邮的消息既是提示,又是警告,意思是:"老爷下来,你陶县令赶紧乖乖来孝敬，两下相安无事。不然的话，就休怪我找你的麻烦。"

督邮和县令并非平等。

他要存心找陶渊明的麻烦，怎么都能找。就算陶渊明把彭泽治理得路不拾遗、野无遗贤，督邮回去照样说坏话，州里没有人会秉公维护陶渊明的。

这件事情最后终于成了陶渊明爆发的导火索。

其实并非没有解决之道。这个督邮不见得十分贪婪，当时督邮下来克扣县令也是寻常之事，拿点儿银子打发他走路未为不可。即便陶渊明清廉，拿不出钱，也大可以在官面上摆平这件事。他毕竟已经在官场上混过十年，像山涛之于嵇康那样的至交没有，面子上的朋友还有几个。况且他曾经是刘裕的部下，此时刘裕在王朝风头正盛。

总而言之，陶渊明本身并不是没有办法应付督邮才爆发的。他爆发，是对世道强烈不满的情绪的总和。

"我好歹也是将门之后，从小立志匡扶社稷，使朝政清明，百姓安居乐业。哪料想一出仕才发现这世间已经黑暗到这种地步，无能的庸官除了混吃等死，就是大把搂钱。有本事的像桓玄或刘裕那样的人又是满腹野心。回彭泽来当个小小县令，以为可以安闲自在一点儿，结果你督邮又来催逼。这个世界，只要身在官场，哪里都是一样，躲不开这黑暗！"

一直以来对黑暗现实的强烈不满终于令陶渊明再也忍不下去了。在督邮这件事上，他爆发出了前所未有的强硬和决断。

"你不就是看我有个彭泽令的官位才来欺负我吗？我不干了！"

这就是中华史上流传千古的"不为五斗米折腰"！

"我不能为五斗米向乡里小人折腰!"陶渊明的话语掷地有声。

其实人们都明白,他之所以做这个彭泽县令,并不是为了五斗米的月俸。他所以断然放弃这个县令,是因为人格和尊严。

陶渊明用了十年时间在黑暗里寻找光明,但他始终没能找到,直至如今连最后一块阵地也不能免俗。

那么,陶渊明就彻底摒弃这个黑暗,官场的事,此后再与他无关。

我陶渊明,从此归隐田园。

作为隐士的陶渊明,就这样诞生了。

陶渊明辞官归隐之时,曾经写下了一篇至今脍炙人口的文章,叫作《归去来兮辞》:

归去来兮,田园将芜胡不归?既自以心为形役,奚惆怅而独悲?悟已往之不谏,知来者之可追。实迷途其未远,觉今是而昨非。舟遥遥以轻飏,风飘飘而吹衣。问征夫以前路,恨晨光之熹微。

乃瞻衡宇,载欣载奔。僮仆欢迎,稚子候门。三径就荒,松菊犹存。携幼入室,有酒盈樽。引壶觞以自酌,眄庭柯以怡颜。倚南窗以寄傲,审容膝之易安。园日涉以成趣,门虽设而常关。策扶老以流憩,时矫首而遐观。云无心以出岫,鸟倦飞而知还。景翳翳以将入,抚孤松而盘桓。

归去来兮,请息交以绝游。世与我而相违,复驾言兮焉求?悦亲戚之情话,乐琴书以消忧。农人告余以春及,将有事于西畴。或命巾车,或棹孤舟。既窈窕以寻壑,亦崎岖而经丘。木欣欣以向荣,泉涓涓而始流。善万物之得时,感吾生之行休。

已矣乎！寓形宇内复几时？曷不委心任去留？胡为乎遑遑欲何之？富贵非吾愿，帝乡不可期。怀良辰以孤往，或植杖而耘耔。登东皋以舒啸，临清流而赋诗。聊乘化以归尽，乐夫天命复奚疑！

这篇文章实在值得每个中国人倾心背诵。

"归去来兮"，此后便成为历代诗文里最令人悠然神往的字句。这不仅仅是一篇归隐田园的散文，而且是中国文学史上一方"重镇"——山水田园派的成立檄文，它更是历代隐士向来坚持然而从未明言的高洁志向的一个宣言。

东晋王朝失去了一个小小的官吏，中华历史则收获了一个大大的陶渊明。这时候陶渊明已经年过四旬。他脱下了县令的袍服，换上农夫的粗褐布衣，扛起锄头在晚风中离去。从这一天起，他终于确定了自己的人生之路。

归隐后的陶渊明在一段时间之内，生活还是裕如的。毕竟是官宦世家，本人也当过十来年官，多多少少还有些家产。

何况田间的生活是多么自由从容啊。虽然是和其他邻里一样的土屋，但是推开门面前就是轩敞的庭院，雏鸡们在活泼地四处乱跑啄食小虫，土狗在阴凉下一动不动地伏着。庭院的四围篱笆墙下种的都是菊花，这是陶渊明最喜欢的花。

多年以后，他的形象和菊花的意境已经难以分割。人们谈到陶渊明总会想起菊花，谈起菊花也总会想起陶渊明。他们之间的关系有点像我们后面将会讲到的林逋和梅花。总而言之，花和人都是君子。

陶渊明在庭院之中栽下五棵柳树。多年以后柳树长大了，他就收获了满地清凉，同时多了一个称号——"五柳先生"。这个很直白的称号是陶渊明所喜欢的，他甚至还为此专门写了一篇《五柳先生传》。

为了维持生计，陶渊明不得不亲自下田劳作，吃穿也是和其他农夫一样的蔬食布衣。这种生活水准比彭泽县令的时候都要艰苦得多，但陶渊明乐在其中。因为至少在这里他的精神是自由的，不必再看上司的脸色，村民都尊敬他，而他也靠自己双手劳作赚来衣食。

有些时候陶渊明的旧友会来拜访。他们多半乘着华贵的马车，穿着时新衣服，见了陶渊明，先是喟叹，继而赞扬。

"元亮兄啊，你看看！"那些人居高临下地说，"这山，这水，风景，多好。这里的空气都比建康城里清新得多。元亮兄真是个懂得生活的人。将来我老了，也搬到这里来跟你做伴。"

陶渊明只是笑笑。

他知道这些口头上这样说的人，其实一个都不会来。他们不会忍受这里入夜后黑暗一片的寂静生活，不会忍受没有婢女侍妾的侍奉，不会忍受乡间粗糙的饮食。

偶一为之，对他们来说可能是调剂，但倘若长久生活在这里，他们已经惯于富贵的身子是熬不住的。更重要的是，他们体会不到隐居在此的真正心情。

四、诗酒流芳

在开始隐居生活之后,陶渊明长期被束缚在俗务里的才情才豁然进发出来。

这时候他是自由的,他的精神和思想在乡野的土地上飞翔,随着清晨草叶上的露珠上下浮沉。这一时期,他的珍贵诗篇被大量激发出来。

他是真正发自肺腑地喜欢他现在的隐居生活。

稍有余钱的时候,他会去村头沽一点儿酒,在面对花丛的庭院里摆上一张小桌,放两碗简单菜肴,看花饮酒,自得其乐。

乡邻们也渐渐知道了这个曾经当过彭泽县令见过大世面的陶老头儿其实是个很随和的人。

他从来没有当官的架子,他和他们一起坐着饮酒,大说大笑,酒碗从他们还沾着泥土的手指间依次传过。他们很快就接受了陶渊明。乡间谁家弄到一点儿酒,也总请陶老头儿同饮。

陶渊明不久就发现,这些质朴无华得连自己的名字都不会写的农夫比建康城里那些世家大族更适合做他的朋友。

他们是那样勤劳朴实，又是那样乐观通达。即使他们一生中的绝大多数时间和汗水都投入在了土地上，他们也毫无怨尤，反而自豪于用双手养活自己和妻儿。他们不会读书，也不会写作，王朝的统治者听不到他们的声音。

他们就这样沉默而辛勤地活着，沉默而辛勤地死去。然而正是他们构成了这个王朝坚不可摧的基石，如果陶渊明的一生之中有什么后悔之处，那么他一定会后悔他的隐居生活开始得太晚了。

于是他写诗、写文章来纪念这些他深爱着的然而默默无闻的人和事物。他为村旁的青山写诗，他为屋后的绿水写诗，他为庭院里的菊花写诗，他为这片深沉的大地写诗。

倘若说嵇康是中国历代隐士中第一个以诗文存世的人物，那么陶渊明就是此中的集大成者。

嵇康存世至今的诗篇传扬并不广泛，而陶渊明至今仍能令人交口传诵的名篇名句比比皆是。

《归园田居》其一：

> 少无适俗韵，性本爱丘山。误落尘网中，一去三十年。
> 羁鸟恋旧林，池鱼思故渊。开荒南野际，守拙归园田。
> 方宅十余亩，草屋八九间。榆柳荫后檐，桃李罗堂前。
> 暧暧远人村，依依墟里烟。狗吠深巷中，鸡鸣桑树颠。
> 户庭无尘杂，虚室有余闲。久在樊笼里，复得返自然。

《归园田居》其三:

种豆南山下,草盛豆苗稀。晨兴理荒秽,带月荷锄归。
道狭草木长,夕露沾我衣。衣沾不足惜,但使愿无违。

《饮酒》其七:

秋菊有佳色,裛露掇其英。
泛此忘忧物,远我遗世情。
一觞虽独尽,杯尽壶自倾。
日入群动息,归鸟趋林鸣。
啸傲东轩下,聊复得此生。

还有那篇浸透着陶渊明乃至于历代隐士梦想的名文《桃花源记》:

晋太元中,武陵人捕鱼为业。缘溪行,忘路之远近。忽逢桃花林,夹岸数百步,中无杂树,芳草鲜美,落英缤纷。渔人甚异之,复前行,欲穷其林。

林尽水源,便得一山,山有小口,仿佛若有光。便舍船,从口入。初极狭,才通人。复行数十步,豁然开朗。土地平旷,屋舍俨然,有良田、美池、桑竹之属。阡陌交通,鸡犬相闻。其中往来种作,男女衣着,悉如外人。黄发垂髫,并怡然自乐。

见渔人，乃大惊，问所从来。具答之。便要还家，设酒杀鸡作食。村中闻有此人，咸来问讯。自云先世避秦时乱，率妻子邑人来此绝境，不复出焉，遂与外人间隔。问今是何世，乃不知有汉，无论魏晋。此人一一为具言所闻，皆叹惋。余人各复延至其家，皆出酒食。停数日，辞去。此中人语云："不足为外人道也。"

既出，得其船，便扶向路，处处志之。及郡下，诣太守，说如此。太守即遣人随其往，寻向所志，遂迷，不复得路。

南阳刘子骥，高尚士也，闻之，欣然规往。未果，寻病终。后遂无问津者。

短短数百字，而其文的光彩与价值，在文学史上不朽。

这篇文章是有感而发，那时候陶渊明或许已经预感到他年乱世将临。雄才大略且有野心的刘裕不会一生甘居人下。

晋室王朝气数已尽。在生逢乱世的人们心目中，无忧无虑、远在世外的桃花源寄托着他们全部的憧憬和梦想。

陶渊明此后又活了二十年。

在二十年的隐居生活中，他开辟出了山水田园诗派。这一派别渐起于梁陈，大兴于唐宋，余风则至今不绝。他在思想界和文学界地位极高。后来的大诗人李白曾赞许他道：

陶令日日醉，不知五柳春。
素琴本无弦，漉酒用葛巾。

> 清风北窗下，自谓羲皇人。
>
> 何时到栗里，一见平生亲。

宋朝的著名词人苏轼也评论道：

> 吾于诗人无所甚好，独好渊明之诗。渊明作诗不多，然其诗质而实绮，癯而实腴，自曹、刘、鲍、谢、李、杜诸人，皆莫及也。

唐朝的山水田园诗人孟浩然更是直接宗陶渊明为诗文之师。孟浩然本人也是中国历史上著名隐士之一，我们后面会专门讲他，在此略过不叙。

在长达二十年的隐居生涯中，陶渊明自己放弃了对权力的攫取。他已不计于名利，但在晚年，名利却追逐他而来。江州刺史檀道济亲自到陶渊明的家里拜访。

檀道济其人也是一时英杰。那时陶渊明在长期的隐居生涯中声望已经很高。檀道济认为可以利用。他热诚地邀请陶渊明再度出仕，并且许诺以优越的条件，但是久历世事的陶渊明再也不会上当了。他好不容易才从世俗的囚牢中解脱出来，如何还会轻易回归？

作为隐士的陶渊明晚年异常清醒与通达，他明智地拒绝了所有功利的引诱，安然面对死亡。

逝世之前，他给自己写下名为《拟挽歌辞三首》。其中的一首因为曾经被鲁迅先生引用过而流传开来：

荒草何茫茫，白杨亦萧萧。
严霜九月中，送我出远郊。
四面无人居，高坟正嶣峣。
马为仰天鸣，风为自萧条。
幽室一已闭，千年不复朝。
千年不复朝，贤达无奈何。
向来相送人，各自还其家。
亲戚或余悲，他人亦已歌。
死去何所道，托体同山阿。

这一年的九月，六十三岁的陶渊明溘然而逝。

在以后的无数年中，关于《归去来兮辞》《桃花源记》的记忆将与陶渊明的隐士风仪一起，流传千古。

他逝去的时候菊花开得正好，大片灿烂的花瓣在微风中飘扬，洒在他的身上。在人生的最后几年，他目睹了当初曾驱逐过桓玄的英雄刘裕的崛起，目睹了他肇建的刘宋王朝以及晋朝的最终衰亡。

刘裕英雄了得，但他也仍然只能平定江南诸郡，而北方则仍由少数民族牢牢把持着政权，中国历史从此由两晋正式进入南北朝时期。

终南山中金紫士

卢藏用

仙宗十友范阳卢
隐遁终南
衣着金紫
晚岁飘零

一、仙宗十友范阳卢

在近两百年的时间里,南北朝划江而治,泾渭分明,最后由杨坚建立起隋朝,总算统一了天下。而其后的隋炀帝骄奢淫逸,群雄又趁乱而起,直到李渊、李世民父子建立李唐王朝,历史才进入了一个稳定而繁荣的时代。

在这段比较长的历史时期里,值得大书特书的隐士不多。

这实际上是不应当的。我们之前讨论过隐士出现的两个条件,南北朝时期以此而论正是适合隐士大规模出现的时期。

第一,时代很乱;第二,乱中有序、相对稳定。但南北朝也有一个很不好的地方,就是朝代更迭太过频繁。四五个朝代加起来或许只有百十来年,变迁如此迅速,以致历史记录者往往跟不上时代,史料多阙。

在这种客观条件下,能保全南北朝时期主要历史脉络已属不易,实在不能苛求史学家们再在隐士群上下太大的功夫。所以大批隐士成了最成功的隐士。隐得十分彻底,以致我们根本不知道其存在。这种情况一直持续到唐朝。

说起来十分尴尬,其实唐朝是最不适合隐士生存的朝代。因为唐朝本质上是一个文化多元化的兼收并蓄的王朝,唐朝的肇建者李渊、李世民父子本身就都带有异族血统。

盛唐的荣光更是遍布宇内,唐太宗李世民被西域诸国共尊为"天可汗"。这段时期之内,中华文明迸发出无与伦比的生机与活力,几乎任何学说、任何理论的支持者都能在王朝占据一席之地——压根不需要隐居。

我们之前说得很明白,隐士都是有其政治诉求而不能实现的人。现在大唐王朝给了他们实现的机会,还隐居做什么?

但就是在这样一个客观环境并不足以产生大隐士的时代,我们这一篇的主角卢藏用出现了。

这是一个和我们之前所叙的所有隐士都不同的隐士,直至今日,学术界仍在争论他算不算一个隐士。

按照最狭义的隐士的定义,卢藏用不算,或者至少不合格。但是我认为这部讲隐士故事的书里应该有这个人。

他代表了隐士群里很具有时代特征的相当一部分人,而且这部分人自从产生起就再没有消亡过。

行文至此,我们回溯前篇,心中不禁无限感慨。盛唐王朝距离伯夷、叔齐存世的商末周初已经接近两千年了。两千年的时间里,即使再辉煌华美的殿堂也会腐朽成一片尘埃,伟大的都市被深深埋藏在黄沙之下。驼铃响起,旅人缓缓而过,不会想到在他的脚下沉默着古老的文明。

从某种程度上来说,卢藏用是我们这部书里最重要的一个隐士。

他的重要不在于其志向比伯夷、叔齐更高洁，比介子推更耿介，比严子陵更超然，比嵇康更狷狂，比陶渊明更闲适，而在于隐士出现两千年后，终于再度回归了世俗化。

隐士重新世俗化，卢藏用不是第一个例子。南朝著名的"山中宰相"陶弘景就比他早。但是论到其间付出的代价和努力，卢藏用无与伦比。

后来有一首诗：

妆点山林大架子，附庸风雅小名家。
终南捷径无心走，处士虚声尽力夸。
獭祭诗书充著作，蝇营钟鼎润烟霞。
翩然一只云间鹤，飞去飞来宰相衙。

这首诗里引用了许多成语，其中首要的一个"终南捷径"，就是因卢藏用而产生的。

那么卢藏用究竟是什么人，他有着怎样传奇的一生呢？

卢藏用，字子潜，幽州范阳人。

幽州即今河北一带，范阳就是今天的涿州。搁今天看起来也不怎么样。可是列位不要忘记那时候是唐朝。

盛唐王朝之际，单是"范阳卢"这三个字丢当铺里都能换几两金子出来。就这么牛？就这么牛！

我们之前讲过门阀，门阀起始于东汉，而兴于魏晋，经历南北朝到大唐王朝的时候不但没有衰弱，反而愈加强盛。

唐高祖李渊的祖父李虎是西魏八柱国之一，理论上也是大家族了,但跟李唐王朝最牛的几个家族比还是不行。

这时候王朝最牛的姓氏是崔、卢、郑、李、王五大姓,崔氏又分清河崔氏、博陵崔氏两宗,李姓又分陇西李氏、赵郡李氏两宗,总共是五姓七宗。此外其他的大姓还有十几家,但无论地位还是声望都远不及这五家。

这五家牛到什么程度?

唐朝的皇帝李渊、李世民父子知道自己家世背景不雄厚,以皇帝之尊硬往陇西李氏里扎,陇西李氏就硬是不认。

唐太宗李世民下诏编一本《氏族谱》,凡是有脑袋的人都知道肯定是皇帝他们家排第一,后来宋朝时编撰的《百家姓》开篇就是"赵钱孙李"。可是偏有人不信邪,初稿交上来,天下氏族之首愣是清河崔氏,皇族李家只排第三,气得李世民发昏,把稿子摔了诏令重排。

仅就此事就可知道当时这些大姓是何等的气焰凌人,连皇帝他们都敢硬顶,何况其他?

卢藏用的"卢"就是这五姓里的"范阳卢"。

当然我们得知道,"范阳卢"是超级大姓,五指伸出尚有长短,"范阳卢"的子孙肯定不可能个个都那么牛,否则卢藏用一生压根不用费尽心机,坐享荣华富贵即可。

"范阳卢"中族长一级的人物压根不屑于在李唐王朝为官。但底下的人不行,即使相对普通百姓,"范阳卢"是相当过硬的金字招牌,但他们想往上爬,想谋求权力,还是得借助朝廷的力量不可。

"范阳卢"毕竟是个大家族,家族内部嫡庶长幼的差别非常大。而这些嫡庶长幼的差距是先天的,没办法以个人意愿掌握。生在嫡支家里，再荒唐也要比旁系的兄弟子侄地位高得多。只在家族里混，无论旁系人物多么聪明，也没办法越过这些嫡系子孙，只能想办法借助外力。

卢藏用就是这么想的，也是这么干的。

卢藏用相当有才，这一点毋庸置疑。单从卢藏用结交的那帮朋友就可见一斑：陈子昂、宋之问、李白、孟浩然、王维、贺知章，个个是李唐王朝有名有姓的大诗人。

李白那等狂傲的人，号称"天子呼来不上船"，能看得上卢藏用，至少说明他有才这个说法绝非炒作。那时候这帮人天天在一起作诗饮酒，号称"仙宗十友"。

除了这七位之外还有王适、毕构和司马承祯。在最初踏入俗世之时，卢藏用就已经有了一定的名望。

众所周知，贺知章是最喜欢奖掖后进的王朝大臣的，当初不惜拿金鱼袋换酒招待李白就可说明这一点。倘若沿着这条路走下去，卢藏用将来也会按部就班地成为李唐王朝的一名中低级官员，之后几十年内慢慢升迁，最后以中高级官员告老致仕。这个前景对普通人而言是相当有吸引力的。

但卢藏用并不满足。

由此可以推论卢藏用这一宗在范阳卢氏里可能并不是那么受重视，不然就很难解释身为名门世族的卢藏用为何如此急切地追求权力。

然而卢藏用追求权力的方法与常人不同。常人因为抛弃权力而成为隐士，卢藏用则因为追求权力而成为隐士。

二、隐遁终南

卢藏用隐居到终南山中，成了一名年轻的前途无量的隐士。仍然与他为友的则是"十友"里的司马承祯。

司马承祯是真正的道士，在道门中身为一派宗师，地位声望均高。而卢藏用的隐士风格也是偏重于道家的。这很容易理解，因为李唐王朝的整体信仰就是偏于道家的。他们甚至尊崇道教祖师太上老君为自己的祖先，追封其为老祖玄元皇帝。

从隐居的第一天起，卢藏用的一举一动无不以将来的复出为目标。李唐王朝既然崇信道教，卢藏用当然也就乐于偏向道教。

隐居的所在也经过精心选择。

终南山坐落于今天的陕西省境内，山麓不远就是大唐王朝的国都长安城。在这个地方隐居，声名将会最迅速地传遍整个长安。

那时候卢藏用已经因为才华和家族背景被李唐王朝录为进士。隋唐时期正是科举制的萌芽期，进士没那么好当。

卢藏用考上了进士,但他没接受。

"卢某以为鄙人才疏学浅,不堪为王朝重器,不敢蹈居高位,尸位素餐。"卢藏用如是说,带着谦恭而优雅的微笑。

考官感到不可思议。不想考试、不想效命王朝的话,为什么之前不说?现在好不容易当上进士了,又突然冒出这么一句。考上进士的是才疏学浅、尸位素餐,合着你们这拨进士就都得集体辞职,国家白费了这么大心力?真是……

但卢藏用丝毫不以为意。他风度翩翩地扬长而去,一袭白衣在微风中烈烈飘抖。这一刻,与卢藏用同期成为进士的所有人都被击败了。

"这位老兄太有谱了!太有派了!国家每几年才征取这么几个进士,何止是千军万马抢过独木桥?别人能考上来都算祖宗有灵,这位倒好,压根没放在眼里。"

他哪是说他自己才疏学浅啊?他明明是说自己看不上这区区一个进士。

算你狠!

卢藏用当庭辞去的新闻不胫而走。满长安城里都知道有这么一位志向高洁不屈于王朝的大才子,据说他和许多名诗人还是至交好友,真是芝兰玉草间伴而生。

了不起的高人!但第二天他们刚刚平息下来的情绪又被卢藏用淡定地给震了——这哥们不但不屑于做进士,简直压根不屑于混在俗世。人家去终南山,隐居了!

至少在当时,能够看透卢藏用真正想法的人是极少的。

司马承祯算一个,他在终南山和卢藏用朝夕相处,卢藏用的想法瞒不过他。但除此之外整个王朝都认为卢藏用这人实乃高人也。

在此期间,"十友"中的年轻诗人们纷纷在王朝崭露头角。深藏在终南山中的卢藏用的声望更是翻着筋斗猛涨,简直成了传说一般的存在。

终于,卢藏用引起了李唐王朝的皇帝尤其是皇后的注意。

高宗皇帝时期的皇后非同小可,就是后来废唐立周的女皇武则天。武则天一直在搜罗散落各地的人才以为己用。她是有雄心壮志的人,做大事没有自己的部属不成,终南山中的隐士卢藏用看起来是个不错的人选。

首先,他有才华。无论是轻松考上进士还是位列"仙宗十友"都可以印证这一点。其次,他有风骨。能够拒绝王朝官爵而退身隐居终南的高人处士,天下能有几位?再次,卢藏用的家世清白。他家是当代顶级的世家大族,素来与武则天最顾忌的李唐王朝宗室没有联系,同时又具备着相当程度的政治号召力,可以被武则天放心利用。最后,卢藏用的声望很高。那时候短短几年之内,他已经成了王朝士子们心目中神一样的存在。所以对于武则天来说,卢藏用是一个很值得利用的棋子。倘若可以收编过来,对她阵营的势力和声望也是一大提升。

问题是怎么样才能把卢藏用收编过来。以他不屈进士之位而隐遁终南的品行,功名利禄对他有吸引力吗?

武则天拿不准这种事。

她和卢藏用素无接触,也不敢想他这一段隐居生涯其实只不过是个姿态。

武则天犹豫着,而卢藏用继续耐心地等待着。他们迟早会宿命般地联合起来。只是在此之前,双方都小心翼翼。

武则天的身边,向来有一批世称"北门学士"的文人,负责替武则天撰写著作，整理文牍，实际上是武则天他年图谋大事时的一支后备军。卢藏用用谨慎的目光注视着这个前途无量的群体，一时没有拿定主意是否要把它当作目标。然而就在这时候，另一个人已经决定了要加入北门学士。凑巧的是，这人还与卢藏用有旧。

这个人就是宋之问。

宋之问与卢藏用同为"仙宗十友"成员，是一个相当优秀的诗人。后来在宫廷里斗诗赢过沈佺期，也算名噪一时。直到今天谈起唐朝宫廷诗，文学史上还有宋之问一席之地。单论才学，卢、宋伯仲之间。但说到在仕途上的用心，宋之问就远远不及卢藏用了。

他也对北门学士感兴趣，于是专门来到终南山拜访卢藏用。

"卢兄的声名，近日长安城里越加传扬了。"

"哪里哪里。"卢藏用摸不着底细，不置可否，"宋兄的才名也是人所共知啊。"

"唉！别提了。"宋之问苦恼地说，微微吐露来意，"天下的人多半倒知道小弟会写两笔歪诗，可谁知小弟除此之外，还有一腔报国之志。卢兄名望近日直至青云之上，他年万望不要忘记小弟。"

卢藏用豁然开朗。

把宋之问送走之后，卢藏用就改变了他的仕途目标。要知道宋之问在官场是已经被定了性的人物，就是一个宫廷文人。而卢藏用现在是隐居在终南山中的高士，单看这个名头就让人感到莫测高深。

宋之问都敢惦记北门学士的名额，而且跑门路居然跑到自己这里来，那么自己以北门学士为目标未免太掉价了。

事实也正是如此，尽管北门学士们日后都相继得到武则天不同程度的重用，里边甚至还出了两位王朝宰相，但最终全军覆没，倒台的速度甚至比宋之问还快。而卢藏用现在的目标是数年之内致位卿相。

这也是有先例的。

南朝梁朝时代有一位大隐士，叫陶弘景。他隐居在江苏茅山，当时声望很高。当朝皇帝梁武帝萧衍一遇到难以解决的朝政问题，就写信去陶弘景那儿讨主意。所以当世人称陶弘景为"山中宰相"。

隐士一旦与世俗接轨，就可能产生这么大的能量。但对卢藏用来说，陶弘景的模式有它不可复制的地方：

第一，陶弘景和梁武帝萧衍年轻的时候就很熟。卢藏用倘若跟高宗皇帝李治或者天后武则天年轻的时候就很熟，用不着隐居终南，早就红了。

第二，萧衍是个著名的迷信皇帝。陶弘景本人是道士，但萧衍还兼而信佛，经常脑子一热就把自己施舍给佛寺，然后文武百官再不惜重金费了牛劲把他从佛寺里赎出来，以至于晚年的时候朝政荒废，险些被侯景灭国。当今天后武则天虽然也对佛教有着浓厚的兴趣，但卢藏用明白那是因为李唐王朝国教是道教，武则天要抗衡道教唯有大力弘扬佛教，并不代表她真能崇佛到失去理智的地步。所以卢藏用单凭终南隐士的名头想立即取得宰相地位是不现实的。现有司马承祯为证，那位是真正的道家宗师，恬静地待在终南山里，从没看见皇帝寄信给他。

没有办法证明宋之问的造访给卢藏用带来了多大的影响，但可以确认的是，此后卢藏用追求权力的步伐越来越大，节奏越来越快。长久以来隐士们所坚持的信念和道德在这种对权力的努力争夺中逐渐偏离正轨。他终于成了隐士世俗化的典型代表。

三、衣着金紫

宋之问致力于北门学士的钻营，但他后来失败了。

失败的原因匪夷所思，既不是他声望不足，也不是他欠缺才华，而是他长得太难看。宋之问的牙齿不太好，这众所周知，然而他怎么也没想到他竟会栽在这口牙上。

公允地说，宋之问一开始并不是坏人，对权力的追求未必就是应当被鄙夷的，大唐王朝的盛世令所有士子都跃跃欲试。就连李白不是也曾写过"仰天大笑出门去，我辈岂是蓬蒿人"之类的诗句吗？"学成文武艺，货于帝王家"的世俗理论已经如此深刻地影响了一代代读书人，除了少数真正的君子，面对权力的诱惑，绝大多数人都难以抗拒。

宋之问在谋求北门学士失败之后表面上并没有惭恨，但内心中却无时无刻不在反思他失败的根源。他压根不相信所谓长得难看是真相。那时他在宫廷之内也混了好久了，北门学士的审美总不至于比宫廷还高。

宋之问反思良久，认为自己失败的真正原因在于没有根基。

卢藏用好歹是范阳卢氏的子孙，宋之问连这个背景都没有。所以文章辞赋再好，也难以被皇帝皇后真正信任。日后，宋之问为了获得权力向上爬不惜出卖朋友。他在历史上的形象也因此变成了一个奸臣。

相对而言，卢藏用的生涯要顺利得多。

在漫长的隐居生涯里，卢藏用声名鹊起，终于得到了王朝的注意，在长安年间被征召为左拾遗。

这个官位不大，却是一个很有意味的信号。卢藏用离开了清冷寂寞的终南山，走进了长安城金碧辉煌的宫阙当中，正式成为大唐的官吏。他的同僚乃至上级都对这个名声远震、高深莫测的人敬畏三分。

卢藏用在终南山里隐居了这些年，并不是平白度日的。我们知道卢藏用身边有司马承祯这样的道家宗师，他本身又颇有才华。这些年里，他不但精读了所有道经、道藏，而且还学了不少神通法术在身，卜卦算命神验无比。长安城中只有另一位官员兼术士的明崇俨可以与之相提并论。这些灵异的小法术倒不足以成为升官发财的直接手段，但是毕竟令卢藏用的形象更加神奇缥缈起来。

卢藏用没在左拾遗的职位上干多长时间。左拾遗是谏官，有直接上书皇帝的权力。但大家都认为卢藏用这样的大贤人干这个实在太屈才了。

此后数年，卢藏用的职位不断变换，越升越高，当过地方官，但更多时候在中央，历任吏部、工部侍郎，佩金带紫，已经算王朝高官。

但这些都不是最重要的，最重要的是卢藏用获得了朝廷的信任，而这种信任某种程度上与职务无关。

皇帝当然也会信任各位宰相，信任六部尚书，但这种信任是职责式的而不是推心置腹的。相对来说皇帝的近臣往往职务都不高。北门学士们深受皇后武则天的信任，那是她的亲信班底。

卢藏用有才华，家世清白，志向崇高，而且还会法术，这样的身份在皇帝心目中其实是近似于国师的，而表面的职务不过是个掩饰。级别相等的官员，有时候彼此所拥有的权力可以差距巨大。到了这个程度，卢藏用觉得他已经基本实现了隐居时的梦想。

之前，与他一起被征召的终南山高士还有司马承祯。两个人都到了长安，觐见了皇帝。而后卢藏用留在朝廷为官，司马承祯则悄然而返。

这两个人同为"仙宗十友"，又一起在终南山里住了若干年，彼此交谊深厚。

司马承祯要走，卢藏用当然要送。

卢藏用一直把司马承祯送到可以远远望见终南山的地方。

终南起伏的山脉在云影里若隐若现，卢藏用指着那山，对司马承祯说："这里是个好地方啊（此中大有佳处）！"

司马承祯缓缓回答道："以我看来，也不过是做官的捷径而已（以仆视之，仕宦之捷径耳）。"

这就是后世著名的"终南捷径"一词的出处。

卢藏用大为羞愧。

卢藏用隐居终南山其实是为谋求功名富贵，那是瞒不了同在终南的司马承祯的。他对卢藏用这种行为颇为不满，卢藏用也不会不知道。但或者在司马承祯的心里始终还是盼望这个老朋友迷途知返，和自己一起踏踏实实地做一位真正的隐士。即或不成，也可以重入世间，循序渐进。然而卢藏用却终于用隐居而来的声名换取了朝廷的官禄。这令司马承祯大为失望。

"从此以后，你去你的长安，我回我的终南！"

司马承祯飘然而去。

而卢藏用的眼中充满迷茫，直到他再度坚定起来。

司马承祯是道士，是高人，但他并不是隐士，尽管他的生活方式是不折不扣的隐居。我们早在本书开篇就说过隐士的定义，隐士必然是心中有过政治诉求却不能实现而选择隐居。但司马承祯可能从来就没有这种诉求。所以他体会不到卢藏用表面平静实则炽烈的心情。

司马承祯走了，回转终南。而卢藏用也扭头回归了长安城。大唐王朝将增添一位没有职衔的宰相。

四、晚岁飘零

从终南山步入政坛的起初一段时间，是卢藏用本人的黄金时期。尽管职衔不高，但他的话语在王朝上下很受重视，连皇帝都注意听取他的意见。

他的龟蓍卜算之术也经常潜移默化地决定王朝的走向。他经常秘密进宫，排开卦象，向皇帝讲解其中的寓意。

而在这个过程里他要夹带点私货简直是水到渠成的。一时间卢藏用成了王朝中最引人注目的政治新星。但卢藏用明白，他的基础还不牢固。

他现在的身份比皇帝的近臣、宠臣地位要高，但还远远不及所谓"师臣"和"友臣"。那是为人臣子的顶峰。

"师臣"的意思就是身为臣子而可兼帝王之师，比方姜子牙之于周武王，诸葛亮之于蜀后主。"友臣"的意思则是君臣之间互为挚友，比方刘邦与萧何周勃，刘备与关张诸葛。

这两种臣子都能在相当程度上左右甚至代替帝王决策。卢藏用年纪还没有武则天大，做她的"师臣""友臣"不大靠谱。所以卢藏用决定把眼光放长远一些。

他向来不缺耐心。

一个为求将来发展得好一点，不惜在终南山里度过多年隐居生活的人是不会缺耐心的。

他把眼光瞄准了李氏王朝的下一代。

这一代人里会出现将来的帝王，而他们年纪还轻，倘若找准目标，把握机会，将来就可能确立"师臣""友臣"级别的地位。但李治和武则天的儿女们是笔糊涂账。

他们每一个成年的儿子都曾经当过太子乃至皇帝，然而每一个都没干长远。因为武则天不准备让儿子们建立起牢固的统治，她希望由自己来成就这场帝业。为此她亲手诛杀或贬斥了不少于三个子女，这种残忍手段的副作用就是想押宝的人不知如何下注。

即使是能在武则天面前说上话的卢藏用都拿不准将来到底哪位皇子会成为皇帝，这可不是胡乱下注的。于是卢藏用把目光投向了太平公主。

太平公主是李治和武则天最小的也是最受宠爱的女儿。

在长达数十年的时间里，无论母亲武则天和她那些哥哥掐得如何激烈，太平公主总是安然无事。而且她从小性格就很像母亲，有雄才大略，这也是武则天如此喜欢她的原因。

在大唐王朝的政坛上，太平公主始终发挥着任何一个兄长都难以企及的重要作用。

而且王朝的公主有喜欢才子的传统。

后来的玄宗朝时期，著名的山水田园诗人王维在科考上没有把握,也是走某位公主的门路才得以进入政坛的。

王维的形象一向比较正面,也就是说这种事情实在是人之常情。在这样的大背景下,卢藏用和太平公主的联手顺风顺水,没有受到任何阻碍。

他们之间的关系一直持续到李隆基诛杀太平公主为止,其间甚至还有些香艳的传闻。不管怎么说,卢藏用的相貌还是很端正的,而太平公主也处在"风流的旋涡"之中。但这些当然是捕风捉影般的臆测。

卢藏用是聪明人,太平公主也是聪明人,他们都很明确地知道自己一举一动可能带来的后果。对卢藏用来说,太平公主就是他政坛的基础。他需要她的信任和支持,而非宠爱。对太平公主来说,卢藏用则是她势力里不可取代的声望既高又通奇术的高人。她要找男宠,也完全没必要为此搭上卢藏用的政治前途。

对卢藏用来说,这也是别无选择之举。武则天不可能永生永世地活下去。他要立足政坛,掌握权力,就不能不为自己找个坚实的靠山。当年陶弘景之所以能当上"山中宰相"也是因为他和梁武帝萧衍关系莫逆。李唐王朝还没有公主即位的传统,但太平公主这些哥哥的确全不是她的对手。

卢藏用做了以他的能力可以做出的最好选择。那时候,未来能平定这场变乱的临淄王李隆基还是小孩子,卢藏用不可能注意到他。

无论如何,这比宋之问要高明得多。宋之问在武则天的亲族大肆掌握朝廷权力之时投靠了武三思。之前苦心营造的才子形象一朝沦丧,人们一提到他就是先叹口气然后连连摇头。

宋之问完了。

无法考证，卢藏用这时候会不会有兔死狐悲的感觉。从本质上说，他和宋之问其实是很相近的，都是政治动物。只不过他的技巧比宋之问要高得多。

他懂得借助隐士的力量来成就自己，也可以在纷繁的局势中做出最好的选择。在他的选择中唯一的缺憾只有一点，就是太平公主不是男人，不具备继承皇位的合法性。终于她被侄儿李隆基先下手为强。太平公主的势力在延续了三十年后覆灭了。

卢藏用也迎来了他一生仕途的终点。

与其他的附逆者不同，卢藏用勉强保住了性命。或者是李隆基也曾经听说过当年终南高士的声名。

李隆基那时年纪还轻，正是珍重羽毛之时。卢藏用这样的大名士倘若死在他的手上，对他的声名是一种损害。所以卢藏用侥幸得以不死，被发配边陲，后来又在机遇下重新振作，成为王朝官吏，最终死在任上。这位从终南山中走出来的隐士，下半生和普通的王朝官僚基本一样。

关于卢藏用，最后说几句话。

卢藏用的前半生基本是喜剧：少年成名，名列"仙宗十友"，中进士，隐居终南，名闻天下，成为王朝著名高士。

但他的后半生基本是悲剧：投身朝廷，地位不低，但官位不高，始终载浮载沉，也没能成为实际上的宰相。依附太平公主，又因太平公主的失败而失去了一切。最后，只留下一个"终南捷径"的成语，千百年来讽刺着他和他这一类人。他的名字而今成为热衷功名富贵的代名词。

但卢藏用并不是坏人。

他少年时和陈子昂结为挚友，陈子昂死得早，他就一直养育陈子昂的孩子直至其成年。托妻献子，是为古人交谊之极。在这一点上卢藏用不但对得起陈子昂，也足以令同时代的大多数人惭愧。在他的一生之中值得指摘的地方不多，无非是一者由隐士而官员，二者做官的时候生活颇为奢靡而已。

倘若卢藏用之前不选择终南山隐居，完全凭借自己的实力一步一步往上走，他的一生或者不会成为隐形的宰相，但要当上郡守、侍郎还是不难的。同为十友之一的贺知章就做到了礼部尚书。也就是说，卢藏用由隐士而官僚的做法，对他本身的功名富贵作用并不大，真正带给他的是政治影响力。

王朝像侍郎、郡守这个级别的官员不下数百，但没有多少人会比卢藏用更加深刻地影响着这个王朝。就此而言，卢藏用实际上是在谋求一种人生价值的最大化，而这种谋求不应当被视为完全功利性的。

在中华隐士史上，卢藏用是一个难以绕过去的人。尽管我们这部书里只作为类型收录他一人，但由他开始而壮大的"隐士世俗化"这个阵营此后一直存在。

吾爱孟夫子

孟浩然

- 襄阳才子
- 皇帝的突袭
- 无奈隐逸
- 白首卧松云

一、襄阳才子

吾爱孟夫子，风流天下闻。

红颜弃轩冕，白首卧松云。

醉月频中圣，迷花不事君。

高山安可仰，徒此揖清芬。

——李白《赠孟浩然》

卢藏用之后二十余年，孟浩然登上了历史舞台。

孟浩然是今天湖北襄阳人，那个地方自古就多出贤人隐士。东汉末年著名的大贤者庞德公、司马徽等人的活动范围便集中在此地。

孟浩然在此长大，耳濡目染，心中充满着对先贤的敬仰和钦慕。孟浩然的家族于史无证。传说他是春秋时代著名的哲学家孟子之后。但彼此相隔千载，祖宗的荣光也只是存留在记忆之中。

孟浩然生不逢时。倘若他再晚出生二三百年，就能赶上儒宗再度昌盛的宋朝。那时候四书五经正式成为科举制的主题，科举成为天下士人谋求功名富贵的途径。儒家的创始人孔子被尊为"孔圣人""万世师表",子孙世代高官厚禄,作为"亚圣"孟子的后代也就能跟着水涨船高。但是,在这门阀势力仍然强盛的大唐王朝,孟浩然的人生之路充满坎坷。

孟浩然从小就表现出了相当出众的才华。稍微大一点儿的时候,他就隐居到襄阳附近的鹿门山继续读书。

孟浩然从小生长在隐士之乡,成年之后又隐居读书,仿佛一个天生的隐士。但是我们之前说过,大唐王朝是最不适合隐士生存的时代之一。就连条件如此优越的孟浩然也不例外。

尽管前半生的生活方式根本就是隐士类型的,孟浩然的心里却始终没有放弃登上庙堂建功立业的想法。之所以没有成年之后立即出仕,是因为时局太乱,正赶上女皇武则天统治时期。

武则天终结了大唐王朝,建立了周朝。她的意志在当时无人可以抵抗。但孟浩然敏感地意识到这个周朝不靠谱。

大凡一个王朝的建立,通常都是一代人甚至连续几代人的共同努力,浴血奋战。因此预测王朝的气数,只要看建立王朝的人群的阵容就可以了。

尽管武周王朝的建立比较特殊,它是由大唐王朝直接硬改过来的,但也不能改变这个王朝头重脚轻的事实。尽管武则天在登基之前若干年就一直在暗地里积攒实力,但毫无悬念的是,忠于武周而不忠于李唐的人群显然有限。单靠这些人并不足以保证王朝的正常运转,乃至传承后世。武则天的宠臣和子侄们在天下间压根没有根基,其中没有任何一个人的威望足以辅佐她巩固整个王朝。

尽管武则天在世的时候,没有人敢正面向她挑衅,但只要她死去,脆弱的武周王朝就会立即被李唐王朝反扑击倒。

孟浩然的估计一点儿也没错。

事实上,李唐王朝重新夺得江山之时,武则天甚至还没死,只是病重而已。孟浩然既然预感到了这样的变局,当然就不能急匆匆地往火坑里跳。心急做几年武周的官事小,回头被李唐记恨一辈子事大。

所以他决定还是等一等。

这一等,就是若干年过去了。这若干年间,李唐击败了武周,内部又开始明争暗斗。中宗皇帝李显被自己的妻子和女儿毒死,李旦和太平公主又联手击败了韦氏,最后李旦的儿子李隆基击败了姑母太平公主,取得了最后的胜利,巩固了皇权,改元开元。

大唐的盛世终于到来了。

孟浩然欢喜雀跃,他走出鹿门山的日子终于到了。

光阴终究没有虚度。孟浩然是大唐王朝有名的诗人之一。或许因为长期隐居,他的诗作清新自然,飘逸出群,当时就已琅琅传诵不绝。他的《春晓》至今仍是每个小学生都能背诵的名篇:

春眠不觉晓,处处闻啼鸟。

夜来风雨声,花落知多少。

《全唐诗》作者数以千计,而盛唐数十年即占大半。

这个时期的诗人,不但数量最多,而且质量最高。比方以《春江花月夜》孤篇压全唐的张若虚,比方诗风沉郁悲壮的陈子昂,而李白和杜甫更是像两颗星辰一样映照着这个时代。

孟浩然从鹿门山中出来,面对着这些时代的佼佼者毫不逊色。他稍事准备，就踏上了前往长安的旅途。他的行囊里没有携带一本书，带去的是满腹从容淡然。

毕竟，他已经四十岁了。虽然建功立业的想法始终在心中萦绕，但是，倘若真正不能实现，或许也不会感受到如何致命的打击。

对孟浩然来说，有一件事情他或者并没有意识到——在他的主观意愿里，隐居襄阳鹿门山中二十年不过是在等待最合适的机会，然而实际上这种漫长的隐居生活已经改变了他的生活习惯，改变了他的性格，进而潜移默化地影响了他的内心。

从此以后，孟浩然每一次仕途上的失败与之都存在千丝万缕的联系。

这也就是我们要把孟浩然纳入这部隐士书的原因。

孟浩然是一个典型。与唐朝另一个典型"隐士世俗化"的卢藏用相反，孟浩然最初本来无意于成为隐士，却在长久的隐居生活中自然而然地成了一位隐士。这个自然形成的过程，之前我们提到的任何隐士都不曾有。以前那些人都有着明确的意识，有明确的政治诉求，求之不得，而选择隐居。隐士身份是他们主动的选择。只有孟浩然起初不过是找个安静地方避一避风头，结果住着住着就变成隐士了。当然，这也是和他的内因外因都分不开的。

首先，襄阳就是有隐士崇拜的地方，庞德公、司马徽这些大隐士在襄阳地方传说里的形象都是正面的。孟浩然不可能不受到他们的影响。

其次，孟浩然本身的政治能力相对其他有名的大隐士偏弱。他的政治诉求不能说没有，然而是蒙昧式的，完全是多年来接受儒家教育的一个结果，而并非他综合时势得出的判断。所以他的诗才能那么清新自然不带烟火富贵气。

最后,就是盛唐王朝虽然经过了一连串的变乱,但基本都是集中于上层宫廷的,没有一次酿成全国性战争。对整个天下来说,生活还是比较富足的。孟浩然家里也颇有积蓄,所以才能令他从容自在地过隐居生活而不考虑生计。

且说孟浩然,毕竟是多年意愿为之一抒,虽不兴高采烈,倒也精神振作。

孟浩然怀着满腔的憧憬来到长安。

在这里,他的朋友们已经摆好酒席给孟浩然接风。大唐的诗和酒是不分家的,"葡萄美酒夜光杯""兰陵美酒郁金香"都是这时候的记录。孟浩然开怀畅饮。

他酒量不差,虽然不得列名"饮中八仙",也是个中翘楚。就这样,孟浩然在长安城的第一个月基本是在酒会里度过的。

这种生活在今天看来似乎有些放纵,但在那时候丝毫不算问题。盛唐的长安城遍地都是酒肆,有些酒肆的主人甚至是眼睛像湖水一样碧绿的波斯美女。

酒会在这个时期是很正常的社交手段。而且这些酒不是白喝的,与会者每一个都是长安城中有名的诗人,他们和孟浩然结交为友之后自然会仗义地替他四下宣扬。

大唐的长安城是"一举成名天下知"的地方。白居易刚来长安的时候不过是个乡下小子,给诗坛前辈顾况呈上一首诗请求指点的时候,顾况说:"长安城的米很贵,居大不易啊。"结果等看完诗,顾况马上改口说:"能写出这样的诗,也没什么居大不易的。"

白居易顿时名扬长安。他名字真正的出处谁也不知道,但顾况跟他开的玩笑全长安城都知道了。

长安就是这样一个地方。

孟浩然声名鹊起。起先他在王朝的诗坛就已颇有声名，而今这个声名传扬出去了。

这时候，他也结识了人生中最重要的两个朋友，就是王维和张九龄。

王维和张九龄仕途顺利，当时在官场地位都已不低。他们和孟浩然的结交是平等而礼貌的，是诗人与诗人之间的结交，并且彼此志趣相投，这种契合远远超出了他们本身地位的差距。

王维和孟浩然更因诗风相近、诗意相合而成为至交好友。日后他们在文学史上并称为"王孟"。唐代山水田园诗派之中，他们是最重要的诗人。

此外和孟浩然相熟的诗人还有好多，比方这篇文章开头那首诗的作者李白。李白晚年经常需要朋友的接济，孟浩然相比之下家庭优裕，但也得到了张九龄的有力关照。所以王维和张九龄，一个与他一起开创了诗坛事业，一个则保全了他的生活。

二、皇帝的突袭

在这段时间里,孟浩然在长安城是如鱼得水的。一方面他结交了大量的良友,另一方面也展现出自己蓬勃的才华。某次他在太学里与太学生们吟诗,诗句一出,满座皆服,竟然没有一个人敢再接。

太学生们都是已经取得功名的王朝候补官员,单以诗才而论,逊于孟浩然并不丢人。但从气度来说,每个人都自知逊于孟浩然,不以身份压人,不强词夺理,不饰词造作,坦白钦服,这足以成为王朝佳话了。这就是所谓盛唐的气象和风度。

无论如何,有过这么傲人之举的孟浩然在王朝政坛崭露头角,怎么看都已经只是时间的问题了。然而孟浩然怎么样都想不到,决定他命运的那一刻竟是如此到来的。

某一天,他去探望王维。

王维少年得志,他比孟浩然还小十二岁,但当时已经做了太乐丞。

无论在盛唐王朝诗坛还是官场之中,王维都有三大优点为人所难及：

诗才。王维诗才很好。事实上后世人们一直评论"王孟"之中王要胜于孟。王维多才多艺。他的诗歌中可以融入图画乃至佛典的意境，所以评价他"诗中有画，画中有诗"，又给他起了"诗佛"的雅号。即使在人才济济群星灿烂的长安城里，王维的才华也是屈指可数。但相对下面两项，诗才在当时还算不上重点。

音乐。王维在音乐上的造诣非常高。他初入京城时，不过是十八九岁的少年，随着大堆人每天饮宴、作诗，有一次不知什么人弄到一幅图画，上面画的是一群乐工奏乐，大伙就猜他们到底在奏什么，都纷纷捉摸不定。等画传到王维手里，他轻轻瞄了一眼，就淡定地说："《霓裳羽衣曲》第三叠第一拍。"有人不信邪，就赶忙去找了队乐工，照着《霓裳羽衣曲》演奏下来。到第三叠第一拍的时候，所有乐工的神态、动作乃至手指的细节果然与图画上对得分毫不差，严丝合缝。那位说："音乐……音乐有什么了不起的吗？"以今日的眼光看，的确是这么回事，但在当时有个特殊情况。什么特殊情况呢？稍后再讲。

长相。王维的容貌相当清俊，有些"颜控"情结的玉真公主很欣赏这个有才的小帅哥，所以少年成名的王维在大唐皇室里也就有着相当的知名度。

倘若王维没有以上优点——当然，还有一大优势：家世——孟浩然的仕途或者就不会是悲剧。或者即使孟浩然改一天去拜访王维，他的仕途可能也不会是悲剧。但就在孟浩然去探访王维的那一天，另外有个人也动了念头，也来探访王维。

这个人的身份比孟浩然高得多。

他是本朝皇帝，唐玄宗李隆基！

我们说，王维这三条优点倘若不成立，孟浩然仕途可能就不会是悲剧。因为王维当时再少年得志也算屈在下僚，他的官位跟三公九卿六部这些人完全没法比。

李隆基贵为当今天子，倘若没有特殊原因，他屈尊来看王维的可能性无限趋近于零——长安城里像王维这个身份的多了没有，千儿八百的毫不为难。玄宗皇帝李隆基要一个个亲自去跑，腿都能跑断。所以这个故事尽管明白地记录在《新唐书》这样的正史里，很多史论者还是认为它是杜撰的，理由就在这里。在一个臣子家突然遇到皇帝的概率太低了。

然而它是真的。

音乐在其中扮演了重要角色。唐玄宗李隆基是帝王史上独一无二的音乐爱好者。后世梨园里供的祖师爷就是李隆基。我们不是说过王维年轻时一到长安城就认出画上的乐工演奏的是《霓裳羽衣曲》吗？这个《霓裳羽衣曲》就是玄宗皇帝李隆基亲自作的。拿今天的话说李隆基是音乐大师，王维就是铁杆小粉丝儿。这个铁杆小粉丝儿的故事传到大师耳朵里，大师会怎么想？

长相则更加重要。如果不是玉真公主大力向皇帝哥哥推荐王维，那么音乐大师李隆基就算知道有个铁杆小粉丝儿王维，最多就是加意提拔奖掖他而已，也不会亲自溜达过来。因为有玉真公主这层关系，李隆基对王维的印象就像对他自己的子侄一样。盛唐时代礼法规矩不严，皇帝出宫来到子侄家里司空见惯，不算什么大事。

于是李隆基就真的破格来看王维了。

于是孟浩然的悲剧也就真的降临了。

因为李隆基看王维虽然像自己的子侄一样，王维可不是他的真子侄。他不是亲王，甚至不是高官。他的辋川别墅要到若干年后才修成。这时候他在长安城的家就只有那么一点儿大。皇帝李隆基亲自前来，孟浩然连个躲的地方都没有。

之前我们提到的所有隐士——注意，是所有——没有一个人在四十岁前还没有过仕途经历的。陶渊明那时候都已经当过了三回官，就连严子陵都早已经在刘秀和王莽的斗争中历练过了。只有孟浩然始终过着隐居生活，除了有限的文学上的交结，他没有实实在在地置身过仕途、应对过高官。

而这下即将面对的是王朝的皇帝。

有理由相信，这时候孟浩然的脑袋已经是一团糨糊了。

在他四十岁的人生里，或者曾经无数次梦想过以人臣身份觐见皇帝。多半是科举高中，身着绯衣，志气昂扬地在金殿之上对着皇帝三跪九叩。

他可从没想到去朋友家闲逛都能碰上皇帝。这场意料之外的相遇对孟浩然而言，完全是突袭！

但也没办法，皇帝已经到门口了，王维总不能说"您老先等会儿，我送个朋友"，只能规规矩矩接驾。

玄宗皇帝很随和，和王维也很熟，彼此不必太过拘礼。一转眼看见孟浩然。

"哦？呵呵，摩诘啊，这位先生很眼生。来，给朕引见引见。"

"是，启奏皇上，这是臣的好友，也是有名的志向高洁的诗人，襄阳孟浩然。"

孟浩然俯伏在地。

"哦？孟卿家！"孟浩然近日在长安城声名很响，音乐大师李隆基对流行很关注，也听过孟浩然的名字。

"起来起来，不必拘礼。这又不是在朝堂上。孟卿的诗才朕是耳闻已久了。怎么样，最近有什么新作？"

孟浩然脑袋"嗡"的一声。

论新诗，他有的是。这要不是面对着皇帝，现吟出一首来对他这个级别的诗人也不算难。可是他不知道怎么回答。

诗歌这东西不是数学，没有一个放之四海而皆准的统一答案。同样是一首诗，这个会说这里好，那个就说那里好。各人品位都不同，见解也就都不同。

孟浩然有五六首在长安城里都叫得响的诗，问题是他不知道李隆基会喜欢哪首。

其实李隆基也就是顺嘴一问。古代的诗是可以合上谱子唱的，所以后来李白在内廷里写"云想衣裳花想容"，写完了直接就拿给乐工边演边唱了。

李隆基是音乐大师，这么问一下完全就是条件反射。可孟浩然不知道啊，皇帝问了，他就得答，又不知道答什么。连王维在一边也急得满头是汗。

这一来反倒引起皇帝注意了，心说孟卿家你在那边傻站着酝酿什么呢？朕听说你诗才很好啊，怎么着给朕挑一首就这么费劲啊？

李隆基面色微露不豫。

这一来，孟浩然的压力可就更大了。在巨大的压力之下，孟浩然脱口诵出了他的一首得意之作。

这首诗，在长安诗会之中普遍评价很高，名字叫作《岁暮归南山》：

> 北阙休上书，南山归敝庐。
> 不才明主弃，多病故人疏。
> 白发催年老，青阳逼岁除。
> 永怀愁不寐，松月夜窗虚。

王维在一边一听，心里就是一凉！

果然也就在听到"不才明主弃"这句的时候，玄宗皇帝李隆基的眉头就皱起来了。

等孟浩然念完了，李隆基不高兴地说："孟卿啊，是你一直不来屈就朕的朝廷做官啊。朕虽然不敢称明主，可从来没有抛弃过你。这句话……呵呵，对朕不太公平吧？"

长久的沉默！

本来孟浩然的政治能力就欠缺，再加上突然碰到皇帝，一时间乱了阵脚。他就压根没想到在诗会上博得好评的诗篇对皇帝未必管用。

标准在那儿摆着呢。诗会的与会者大半虽有朝廷官员的身份，同时又是诗人，何况还有少部分压根不愿意做官的高人逸士。在诗会的场合下，他们表现出来的文学性完全压倒了政治性。就算是心里再想做官的人也会竭力表现得从容淡漠，以免被别人瞧小了他。所以这首表现不慕功名富贵的超然的诗歌会博得普遍好评。但皇帝显然不会喜欢这样的诗。

孟浩然这首诗的真实文学成就并不重要，重要的是，他触了皇帝的霉头。

皇帝不高兴，后果无比严重……

作为王朝的最高领导，皇帝无疑是有尊严的。他至高尊严的体现，就在于每句话都必须得到兑现。想让皇帝自己承认错误是非常严重的事情。一般除了王朝倾覆颠危或者有妖异天象、大灾异之类的，皇帝才会下"罪己诏"自我批评一下。

孟浩然这种甚至没有取得官员地位的白丁士人跟皇帝的博弈，后果不问可知。孟浩然连作为对手的资格都没有。

皇帝走了，不高兴地走了。

孟浩然的仕途也从此终止，由于这一场他万万意料不到的会面。

三、无奈隐逸

就此而言，孟浩然的仕途本已终结，不需要有任何怀疑。

王朝的考官们受命简拔人才，然而是为了皇帝简拔人才。孟浩然惹得玄宗皇帝李隆基不高兴的事情顷刻间便不胫而走，没有哪个考官胆大到敢为了个孟浩然公然跟皇帝较劲。

倘若是另一个人，多半就此立即收拾包裹回家了，但孟浩然是政治能力欠缺的人。他思来想去，觉得皇帝虽然不高兴，但还没把话说绝，没有说"滚"之类的字眼。自己兴许还可以试试。

连王维都崩溃了，这老兄……

不过也难怪，要不是他这样天真无邪的性情，也不会写出那样淡泊自然的诗篇。

那就考吧。

于是，孟浩然就仍然参加了平生第一次也是唯一一次的科举。

结果不问可知。

彻底断绝了希望的孟浩然终于在这一年的年尾收拾行囊，黯然离开长安。

那时已是隆冬,纷纷扬扬的雪片落在苍茫的大地上,黯然离去的孟浩然心中百感交集。他这样低调的人居然会有这样戏剧性的结局,世事的奇异真是万万超出人的想象。他离开长安城,一路向南,雪越来越大。于是他留下了《南归阻雪》的诗篇:

> 我行滞宛许,日夕望京豫。旷野莽茫茫,乡山在何处。
> 孤烟村际起,归雁天边去。积雪覆平皋,饥鹰捉寒兔。
> 少年弄文墨,属意在章句。十上耻还家,裴回守归路。

真是不甘心啊……

仕途失意的孟浩然,从此不得不继续他的隐居生活。只是这时候性质已经变了,之前他虽然一直隐居,但心里却始终未尝放弃入朝为官的理想。

而今理想已经破灭。科举的话,这次考不上,下次还可以再考。是皇帝不高兴,孟浩然还有什么办法?总不能期望换个皇帝吧?

唐玄宗李隆基春秋正盛,想靠熬年头拼掉皇帝,机会渺茫(事实也的确是,李隆基比孟浩然大四岁,然而晚死二十二年)。也就是说,虽然他才四十一岁,但下半生的仕途也基本没有希望了。

孟浩然的确欠缺政治才能,也欠缺仕途经验,因此关键时刻的反应比别人要慢一些,但他并不笨,而且饱读经史,其中的关窍他没出长安城时就已经想明白了,仅仅是冀于万一的希望他才去应试。而结果也已十分明显。

在从长安城缓步回家的漫天大雪中,孟浩然从内心里和精神上做好了向真正隐士转变的准备。从此以后，他彻底地成了一位隐士。

翌年春天，他回到襄阳，鹿门山仍然是原先的鹿门山，他隐居的草庐也仍然是原先的那座草庐。但是在已经放下了人生最大包袱的孟浩然眼里，这一切的山和水都产生了静谧的变化，焕发着奇异的光彩。他是如此喜欢这山，这水，喜欢这呼吸可闻的自然和这种舒心闲适的生活！

孟浩然所没有意识到的是，正是这样的环境塑造了他的心灵，正是这样的心灵使他的仕途不顺，也正是这样的失败才使他成了真正的隐士。

他是一个天生的隐士。其他的隐士在政治诉求求而不得的情况下选择隐居，而孟浩然则生来并无所求。一个并无所求的人，如何能为官场所接纳？

如果没有遭遇皇帝的突袭，以孟浩然的才学和声望，不难成为王朝的官吏，但也基本仅限于此了。他在那个位置上不会有所谓前途可言。满腹理想、缺乏历练的孟浩然在尔虞我诈的官场中注定会失败。而已年逾四旬的他已经没有从根本上改变这个境遇的能力了。何况不久之后，王朝即将陷入一场规模更大更残酷的动荡之中。

那时候，还留在长安城里的官员无一不面临严酷的处境，连王维这样的人都因为这个动荡而几乎改变一生。倘若孟浩然当时还在世并留在长安，他的处境一定比王维更糟糕。

这个大动荡就是安史之乱。

玄宗皇帝李隆基少年时锐志文武，杀伐决断，到了中年以后却转变成了气度温和宽厚的音乐家。在他的引领下，王朝的权力高层渐渐被一些名过于实的或者别有用心的人蹈据。乱象正在萌生。

就此而言孟浩然失败的长安之行对他竟是莫大的幸事。或者在他的潜意识里已经模模糊糊地意识到了这一点，此后孟浩然再也没有主动追求过官禄和权力。

并不是没有人为此而努力过。孟浩然所处的襄阳府附近有一位官员叫作韩朝宗，时任襄州刺史。这是一个大人物，拥有深厚的家世背景和政治潜力。当年李白入长安时也曾经给他写文章说"生不用封万户侯，但愿一识韩荆州"。这个人很惋惜孟浩然的才干，准备动用自己的力量再提携孟浩然一把。

那时距离孟浩然的长安之行已有数年，玄宗皇帝李隆基兴许早已经忘了孟浩然是何许人也。

走科举的老路当然还是不行，但韩朝宗准备通过举荐把孟浩然推上去，实际上也就是打算卖卖老脸，说什么韩朝宗也是在庙堂中很有面子的人。

可以说，韩朝宗这等身份的人，对一个诗人如此主动提携是极为罕见的，这样做对韩朝宗本身就没有什么好处。他家门生故吏已然够多，不在乎再多孟浩然这一个，此举基本完全是出于爱才。那时他正好要入京叙职，就叫孟浩然某日某时在某地等他，两人一起上京。

但到了日子，韩朝宗如约而至，在约定的地方等啊，等啊，等到日已昏黑，孟浩然却始终没有出现。

为什么孟浩然没有出现呢？

他正在喝酒。

那时候，正好有个好朋友来拜访孟浩然，孟浩然自然要设宴款待。喝到傍晚，彼此兴致都高了起来。朋友倒还懂分寸，提醒道："你不是还要赴韩大人的约吗？注意时间，可别晚了。"

孟浩然睁着迷离的醉眼说:"已经喝上了,就别管那么多。"

韩朝宗始终没能等到孟浩然,他只能自己郁郁而行。这是孟浩然仕途上最后一个转机,而这个机会被他自己轻轻错过了。

从此时起一直到生命终止,孟浩然始终没有为此后悔过。或许早在从长安城回归之时,他就已经立下了再不去长安的志愿。但韩朝宗一者身为长辈,二者身为州官,他的用力提携,孟浩然难以婉拒,所以他只能用这样近乎荒唐的手段最后拒绝了韩朝宗的好意。不然的话,他的朋友明知孟浩然晚上就要与韩朝宗碰面,还特地赶在这一天找他喝什么酒。

总而言之,孟浩然已经放弃了对功名富贵的追求。

他是一位隐士。

四、白首卧松云

从再度回到襄阳鹿门山时起,孟浩然又活了十年。

他寿命不长,终年仅五十一岁。

这十年里,王朝的政局发生着变化,但已与孟浩然无关。

十年间,他的脚步踏遍了大唐王朝的名山好水。他远至湖南,在岳阳楼里写下"气蒸云梦泽,波撼岳阳城"的气势壮阔的名篇,也曾留下"微云淡河汉,疏雨滴梧桐"这样的佳句。

李白也曾经为他写下著名的《黄鹤楼送孟浩然之广陵》:

> 故人西辞黄鹤楼,烟花三月下扬州。
>
> 孤帆远影碧空尽,唯见长江天际流。

而孟浩然一生之中所致力的仍然是山水田园诗歌。五柳先生陶渊明的余晖在他的身上重新焕发了光彩。

这十年里,他创作的名篇佳句不胜枚举。对孟浩然诗的研究至今仍然是文学史上长盛不衰的论题。

他的诗格越加精妙，飘扬高逸，如羚羊挂角，无迹可循。

这是因为他已经成了一个真正的隐士。

唐朝的诗人里有一个很奇怪的现象，就是诗歌成就极高的一群诗人，仕途往往都很坎坷。杜甫后来有一句诗叫作"文章憎命达"。日子过得太好，就写不出诗来了。唐一代先诗人而后至高官的，唯有高适一人，后来官居节度使。

第一流诗人中的很多人，像李白、杜甫，晚年过着近乎隐居的贫困生活，但从精神上，他们始终没有把自己归类为隐士。李白是潇洒不羁不囿于隐，而杜甫是心怀家国不甘于隐。其诗歌各有风格，而像孟浩然这样风格的，王朝独一无二。即使是同为山水田园诗宗师的王维也不能相比。王维半生在朝为官，终究不能像孟浩然一样飘然远隐。但他别有一功，将禅意融于诗意当中，总体成就因此高于孟浩然。

王维在盛唐之末的安史之乱中没有逃脱，被安禄山裹挟，做过一段时期的伪官。这对他的声名影响巨大。后来李唐王朝终于在郭子仪、李光弼诸将的努力下平定安史之乱，王维得以再入庙堂，但他再也没有恢复往日的风光。已经心灰意冷的王维将佛经作为他人生中的唯一寄托，数年之后，他以俗世诗人的身份安然坐化，达到了许多名僧一生难得成就的境界。

而孟浩然很幸运地没有赶上那个时代。他早早死在王维之前。

孟浩然的死亡突如其来。那时候，他的背上长了个痈疽，这是可大可小的病症。所以始终静养，不敢妄动。

王昌龄前来探望他。王昌龄也是孟浩然的好友，有唐一代著名诗人。"秦时明月汉时关,万里长征人未还。但使龙城飞将在,不教胡马度阴山。""寒雨连江夜入吴,平明送客楚山孤。洛阳亲友如相问,一片冰心在玉壶。"都是他的名作,至今仍然传诵不绝。王昌龄当时号称"七绝第一圣手""诗中天子"。

故人前来,孟浩然自是十分开心,尽管身有顽疾,他仍殷勤设宴招待。诗酒不分家。孟浩然对酒这种东西虽然不像陶渊明那么热衷,却也从不排斥。

能够尽情而舒适地招待朋友,向来是孟浩然的爱好。他的《过故人庄》就是很好的写照:

> 故人具鸡黍,邀我至田家。
> 绿树村边合,青山郭外斜。
> 开轩面场圃,把酒话桑麻。
> 待到重阳日,还来就菊花。

王昌龄并不知道看起来神态自若的孟浩然其实因病不能喝酒。而孟浩然也没有计较那么多。朋友来了就要陪,陪就要陪好,陪好就要陪倒。

两个人都喝到酩酊大醉这才罢休。

就是这一场饮宴使得孟浩然身上的痈疽急剧恶化。一个痈疽就结束了盛唐时期一代诗人孟浩然的生命。

这一年他才五十一岁,在同代各位诗人之中属于短寿之列。他的死亡无声无息,只有少数知交才闻讯而为他叹息。

正像他的一生一样,他少年时候意外遭遇王朝变乱,不得不隐居以求时势变化。中年时出仕又意外遇到皇帝，答对不善，终结了仕途。晚年时淡泊名利，纵情于山水之间，又因为意外发作的一场恶疾送了生命。

纵观孟浩然的一生，似乎总是被各种意外所作用，以至于后人每每看来心生惋惜。然而对孟浩然自身来说，他一生之中值得后悔的事情却极少，可能根本没有。

即或是他应对李隆基的失误，在他已经彻底成为隐士之后也已无所介怀。

他是有唐一代乃至中华隐士史上极少数完全自然成就的隐士，在他一生之中的各个关键时刻，都很难见到他的个人决断。

就此而言，成为隐士实在是他的宿命。正如他恰好生在曾经出过庞德公这样大隐士的襄阳。

孟浩然曾经写过一首诗：

> 鹿门月照开烟树，忽到庞公栖隐处。
> 岩扉松径长寂寥，惟有幽人自来去。

这首神秘而空灵的诗歌，恰是他的一生写照。

一枕酣眠家国事 陈抟

最接近神仙的人
一枕酣眠
棋胜华山
道门隐逸

一、最接近神仙的人

中国古典四大名著之一的《水浒传》堪称家喻户晓。不过很多读者是通过影视剧作品和评书曲艺故事来侧面了解《水浒传》的,对于原书则并不精熟。

在影视剧作品中,《水浒传》往往是以高俅开篇。但原著不是这样,不但有洪太尉请天师误放魔君的故事,而且在此前还有一篇楔子。里边有一段,是这样写的:

后来感的天道循环,向甲马营中生下太祖武德皇帝来,这朝圣人出世,红光满天,异香经宿不散,乃是上界霹雳大仙下降。英雄勇猛,智量宽洪,自古帝王都不及这朝天子,一条杆棒等身齐,打四百座军州都姓赵!那天子扫清寰宇,荡静中原,国号大宋,建都汴梁,九朝八帝班头,四百年开基帝主。因此上,邵尧夫先生赞道:"一旦云开复见天!"正如教百姓再见天日之面。

那时西岳华山有个陈抟处士,是个道高有德之人,能辨风云气色。一日，骑驴下山，向那华阴道中正行之间，听得路上客人传说："如今东京柴世宗让位与赵检点登基。"那陈抟先生听得，心中欢喜，以手加额，在驴背上大笑，撷下驴来。人问其故。那先生道："天下从此定矣！"正应上合天心，下合地理，中合人和。

实际上，这位陈抟处士出场的时间还早于高俅。在以宋代为背景的各种故事里，我们也总能看到陈抟的名字。

略举例子说，宋太祖赵匡胤年幼之时，家里逃难，他母亲把他和弟弟放在两个土筐里挑着走，就被陈抟老祖看见了，在一边说闲话："谁言天子少，天子论筐挑。"

赵匡胤的弟弟就是赵光义，后来继位为宋太宗。赵匡胤年轻时候，有个算命的指点他说必须出去周游天下，才能成就霸业。那位也是陈抟老祖。

等到赵匡胤黄袍加身，做了皇帝，陈抟在《水浒传》里从驴背上掉下去来帮衬他。

还有传说赵匡胤微末之时，路过华山跟一老者下棋。老者说白下可不行，你要是输了，就把华山输给我。赵匡胤当时穷得连块土都没有，心说下就下，输就输。结果果然一招之差，输了华山。

那位趁势挤对赵匡胤的也是陈抟老祖。再往后数，什么郑印啊，穆桂英啊，宋朝民间传说里的英雄都能跟这位陈抟扯上关系。好像他是专门来给赵匡胤凑热闹的。

那么说了半天，这位陈抟究竟是谁啊？

这一篇里，我们就来说说陈抟老祖的故事。

按照《宋史·隐逸传》的说法，陈抟，名抟，字图南，亳州真源人。

这个名和字有些大鹏起兮的气势，然而跟名字相反，陈抟一生都是懒洋洋的，除了时不时去跟赵匡胤凑个趣之外，与世无争，十分可爱。

有宋一代，这位陈抟老祖是最接近于神仙的人。话说这本书讲隐士，为什么弄个神仙混进来？其实单看陈抟在《宋史》的归类里是隐逸传而非方术传，就知道这位实际上也是一个隐士，但他是个非同一般的隐士。这位做人可以做到接近于神仙的地步。

一直以来都有大批人把陈抟当成道教中人。但倘若是道士，就不在我们要讲的范围里了。陈抟不是道士，他不像王重阳等人有自己的宗派传承。

他是一个散人，一个隐者。说他思想里有很深的道家因素，这个不否认。隐士们思想里或多或少都有一些道家因素。内儒既然不能成就，退而求其次，自然就要在佛道两宗上找出路。像晋时的陶渊明、魏晋时的嵇康乃至于汉代的严子陵，受道家思想影响都很深。

认真说起来道教的形成是在东汉末年。严子陵在富春江上钓鱼的时候，世间还没有道士这种称谓呢。所以后来陈抟虽然是道教史上公认的大宗师，我们这部书里还不能不把他纳入，以作为隐士宗教化的一个代表。

且说陈抟少年之时，就已显示出神明的一面。

传说，他四五岁还不会说话，号称"哑孩儿"。但正像武侠小说中的主人公经常遇到天上掉馅饼的事一样，这天小陈抟在涡水河边玩耍，一个青衣女子过来喂了陈抟一回奶。据说这位就是从秦朝一直活到那时候的毛女。

这口奶可不同寻常，陈抟此后，醍醐灌顶，豁然开朗，不但能开口说话，而且张口就能读诗，变得冰雪聪明。

陈抟虽然聪明过人，熟读诸子百家的经书，但在科场中却屡屡下第。其实这是有特殊原因的，跟陈抟才学无关。

中国神话里向来有这种说法，就是功名富贵和修仙冲突。所以从《封神演义》开始，那些老神仙就随便甩给徒弟一堆东西，说："你命中无缘，不能成仙，早早下山求富贵去吧。"

但陈抟不同，他命中有仙缘，所以注定不能享受人间富贵。就算文章写得花团锦簇，拿到主考官手里也是怎么看怎么来气。

所以陈抟始终考不上，也就渐渐淡泊了功名富贵。正赶上这时他父母双亡，于是将家财散尽，弃儒学道，潜心研究毛女传的"炼形归气、炼气归神、炼神归虚"之心法，天长日久，便有所成。

我们之前说过卢藏用。卢藏用当时唯恐声名不高，所以到终南山里去隐居。这件事情本身说明在名山里隐居对提高声望是非常有用的。

陈抟隐居名山之中，一心一意研究道法，已经不以富贵为念，却架不住他俗世里的声望噌噌往上涨，到最后连皇帝都知道了。这时候的皇帝是后唐明宗。这位皇帝对道法极热爱，所以他破格召见陈抟。

陈抟先生到了金殿之上，长揖不拜，左右文武大臣都大惊失色，皇帝却不生气——仙人要有仙人的架子嘛。皇帝亲自拉起陈抟的手，命人拿绣墩给他坐。

陈抟摆足了架子，却自称是山野鄙夫，乞赐放归，以全野性。皇帝哪里肯放，想授予他官职，陈抟也坚辞不就。陈抟越这样，皇帝越觉得陈抟了不起，于是将其安排在最豪华的五星级宾馆中。京师中最高档的宾馆自然华丽无比，饮食玩乐诸般器物俱全，但陈抟一无所取，只是要了个蒲团坐在上面终日安睡。

皇帝无可奈何，于是找冯道——著名的官场不倒翁，经历五代皇帝却能安如磐石的高人商量。

冯道有一肚子鬼主意,他对皇帝说:"人间的诱惑莫过于酒色,七情莫甚于爱欲,六欲莫甚于男女。陈抟在山里住了这么多年,恐怕见了母猪也当貂蝉,皇上您赐他一坛好酒,然后派美女三人,声称给他暖足,趁机色诱他。他收了咱送的美女,就愿意听咱的话了。"

小人之见略同,皇帝也是沉溺酒色之徒,听冯道这样说,喜道:"正合朕意。"心想这回定能让陈抟乖乖地投降。

说来这一招虽然有些下作,但效用也非同寻常,不少人都着了道儿。

陈抟接到旨意却并不推辞,打开美酒就饮,美人在旁边斟酒服侍,陈抟也不推辞。

使者回报冯道,冯道以为计谋可成,心中暗喜。没有想到,第二天一早,冯道准备到宾馆里堵住被窝里的陈抟看个热闹时,却发现陈抟早已飘然而去,那三个美女都被锁在一间房中。

冯道一问,美人们说陈先生喝了酒就睡,睡到五更方醒,留下一封书信就走了。冯道将书信拆开看时,只见写道:

赵国名姬,后庭淑女,行尤妙美,身本良家,一入深宫,各安富贵,昔居天上,今落人间。臣不敢纳于私家,谨用贮之别馆。臣性如麋鹿,迹若萍蓬,飘然从风之云,泛若无缆之舸,臣遣女复归清禁,及有诗上浼听览。

诗曰:雪为肌体玉为腮,深谢君王送到来。处士不生巫峡梦,虚劳云雨下阳台。

冯道拿了给皇帝看,皇帝也是嗟叹不已,越觉得他神秘莫测,为之倾倒。

经此一事后,陈抟的名气可就更大了。

二、一枕酣眠

收获了声名，陈抟会干什么呢？

答案匪夷所思：睡觉。他不像卢藏用一样苦心收获声名而后正式向朝廷迈进，也不像严子陵或者孟浩然一般压根不屑于声名。

陈抟的应对很淡定：失之我命，得之我幸。怎么样都好。他并不在乎成名，因为从来也不是很感兴趣。说起陈抟老祖最感兴趣的，那还是睡觉。

别人是一天一天地睡，他是一百天一百天地睡。据说他在武当山隐居的时候，遇到五个老者，说是同居的道友，想与他切磋道法，就传了他这门睡觉的本事。而那五个老者便是武当山脚下的五条神龙。

陈抟得了这门法术之后，可以在睡梦中修炼精神。所以别人都是偷懒了疲倦了才睡，他是积极地制造一切机会去睡。

至于地点则没讲究。那时陈抟内功已成，睡在哪儿感觉都差不多。大冬天的一件布衣也冻他不死。有时候上山砍柴的一脚踩下去，哎，怎么这么软？低头再看，陈抟先生在那儿揉眼睛呢。

他老先生就这么一年一年睡下去,也不干点儿别的?

其实并不是这样。清朝的时候有一位名人郑板桥说过:"难得糊涂。"这句话,陈抟早在数百年前就领会了。

陈抟的眼光异常清晰,即使把本篇里所有关于怪力乱神的内容全部删去,回头再看,也可以发现陈抟在五代纷纷乱世之间所做出的选择一次都没有错。他所不屑或不愿合作的后唐明宗之流,后来的确覆灭了。

他所欣赏并谈过话的人,像周世宗柴荣、宋太祖赵匡胤、宋太宗赵光义,个个都是一代人杰。从怪力乱神的角度说这没什么了不起的,陈抟嘛,除了不会驾云,跟神仙也差不多了,他自然知道谁是真命天子。倘若把这个因素去掉,还能看得这么准,就不得不承认人家真有两下子。

纵观古今,态度不端正而被皇帝砍掉的方术之士多了。于吉就被孙策正了法,朱元璋据说也砍了周颠好多回。但无论这个世间是谁高踞宝座,陈抟总是安然无事,闲卧云水之间。

陈抟在武当山得了睡功的道,但他真正名扬天下是在华山。因为据说赵匡胤和他下棋下输了,只能把华山抵了给他。实际上这只是传说。

陈抟移居华山的时候,赵匡胤离皇位的距离还有很远呢。华山古称西岳,景色秀丽险峻,自古华山一条路,而今是旅游胜地,但当时能上去的人却不多。

陈抟到了华山,正是得其所哉,这下子随便往地上一躺也不用再担心被踩。陈抟很满意,作诗纪念:

> 为爱西峰好，吟头尽日昂。
> 岩花红作阵，溪水绿成行。
> 几夜碍新月，半山无夕阳。
> 寄言嘉遁客，此处是仙乡。

前七句都很好，就第八句最讨厌。俗人看了"仙乡"就觉得陈抟是神仙，觉得陈抟是神仙就认为他一定会长生不老，认为他一定会长生不老……那就得想法去麻烦陈抟了。

这一次想见陈抟的俗人的能力比上次的还大——周世宗柴荣！

柴荣是郭威的义子，其实是一个很不错的皇帝。民间评话里尊他是龙虎风云会"二龙九虎"里的老大哥，为人忠诚仁厚，富有才智，所以座下才能压得住赵匡胤这样的英雄。历史上对柴荣的评价也是相当高。

就是这样一个人物，他也惦记着陈抟神仙的长生不老术。话又说回来，他的惦记本身是合情合理的，因为柴荣寿命的确很短。

倘若他能活到六十岁，那么历史上还会不会有大宋王朝还真是个未知数。毕竟那边是赵匡胤不是司马懿。

赵匡胤为人忠勇，又精于拳棒，是不会玩阴谋诡计的红脸汉子。虽然其弟赵光义狡猾多智，但其时赵光义本人距离柴荣尚远，他还想不到直接去谋求柴荣的皇位。

问题在于，柴荣打着这个算盘，找谁不好？

天下能人异士甚多，也没必要非得找陈抟啊。要知道以五代宋朝为背景的神话传说里，跟赵匡胤关系最好的神仙除了陈抟没别人。

要不说柴荣为人仁厚，他就没想到陈抟对他未必能说出什么好话来。

果然一见面,陈抟就给柴荣出了个哑谜。陈抟说:"好块木头,茂盛无赛。若要长久,添重宝盖。"

这几句话本身就是文字游戏。柴荣姓柴,叫他木头是没错的。既然有茂盛、长久之类的赞誉,料来也不会太糟。至于木头添了宝字头变成宋,柴荣似乎没怎么考虑。

其实这不大符合柴荣的为人。

他能压服赵匡胤之类英雄,岂是心里那么没谱的人?但这也不符合陈抟的为人。上百岁的老隐士,当世神仙,跟人家皇帝就玩猜字谜啊?也太没品了吧?

传说,当然只是传说而已。

真实的情况当然不是这样。可能的实情是,陈抟面对柴荣做出了自己的选择。而柴荣也明白了陈抟的选择。

仅此而已。

这就足够了。

无论从哪方面来说,周世宗柴荣要剪除一个他认为对自己不利的隐士都不为难,即使是人称当世神仙的陈抟。

陈抟本人已经隐约地表露了态度。陈抟并不看好柴荣,但柴荣仍出奇地至少表面上与陈抟保持着和睦关系。就像以柴荣的能力绝不会看不出赵匡胤是他日后的一个隐患,而他也始终没有动赵匡胤一样,内中的原因异常复杂。

中国历史上有两个王朝更迭剧烈的时期经常被人所忽略,一个就是与两晋并行的五胡十六国时期,一个就是介于唐宋之间的五代十国时期。

这两个时期都有一个共同的显著特点，即出现了很多由少数民族建立的地方性政权。五胡嘛，匈奴、鲜卑、羯、氐、羌，轮流坐庄。五代梁唐晋汉周之中，也有三个王朝是由沙陀人建立的。而区别在于五胡十六国时代的少数民族王朝都带有极其鲜明的民族色彩，相反五代十国时期的沙陀人王朝已经被汉化得异常彻底了。

举例子说，我们之前提过冯道，他在五代可以历数世而不倒，这在五胡十六国时代是绝对不可能的。没有办法想象敌国大臣竟会被我所用，毕竟非我族类其心必异嘛。当时的斗争基本是带有灭族倾向的，一旦攻破，杀戮殆尽。而冯道的长寿且数朝为相至少说明五代各朝的统治原则没有什么不同。

但这些小朝代一般存活年限都很短，一两代、两三代人，旋起旋灭。过于短的历史使他们无法建立足够的国家威望。我们可以举出太原李氏的例子。李渊的祖父李虎在西魏就是身份最尊的元老大臣"八柱国"之一。李渊袭爵又是隋朝重臣，而后父子起兵取得天下，到李世民统治时期，世家大族还敢把李姓排到姓氏第三位，足以说明一个王朝威望的建立不是那么容易的。

五胡十六国的时候也还无所谓，因为天下太乱，管你什么威望，直接杀过去该砍的砍、该抓的抓。拳头和刀子就是威望！

但五代十国情况不同，它们虽然彼此分裂，但总的来说却还稳定。五代的更迭也往往是流血很少的政变式的。

这时候要在纷乱的局势之中占据主动，就不能不注重威望的建立。民心扫地、满手血腥的刽子手在五代是混不开的。

这是一方面，此外还有更重要的一方面，就是唐朝到五代这一通时代变迁，把世家豪族给变迁没了。当然不是说消失得干干净净，而

— 149

是说再也没有政治影响力大到足以改变时局的那种大豪族了。

豪族门阀势力从汉代成型，经魏晋直到唐朝不衰，到这时候终于谢幕了。这在某种程度上预示着社会的进步，但是世家豪族一消失，也就再没有什么方式可以迅速提高人望了。

起先，在晋朝的时候，上品无寒族。只要是王家谢家的子弟，生出来就比别人高一头，他们要捧谁，谁就会迅速受到关注。

五代时期，他们一消失，当权者就很犯愁。因为他们要提升自己的威望，总得借助一些外部的助力。

所以在这时候，陈抟这样的人才应运而生！

三、棋胜华山

陈抟的优势在哪里？

首先，他有着相当崇高的声望。

陈抟他不是一个人。我们之前曾经强调过，陈抟和道门之间的联系千丝万缕，但他自己偏偏并不是正牌的道士，其中其实是有些奥妙的。联想到陈抟和赵匡胤之间那么多的故事，实际上可以推测，陈抟是属于隐士和道门联合势力的一个代表。

因为在门阀豪族消失之后，可能没有什么人群会比隐士和道门拥有的声望更高了。这些声望或者说虚名，在没有人承认的时候一文不值，但在大家普遍承认的时候就是管用！因为有些时候他们可以绕过皇帝直接上承天命。

即使是柴荣这样的英明君主，也不敢冒险动一动陈抟。

你动了他事小，他背后的势力一起出来反对你事大，顷刻之间就能把你塑造成一个失德亡国之君，一旦这个糟糕形象定了位，属国人心离散，他国乘虚而入，顿时就是一场祸乱。

中世纪的时候为什么西方教皇权威无上，堂堂德国皇帝得罪了他都得在雪地里跪一天一夜忏悔，就是这个道理。五代十国的各个小朝廷都十分看重这种东西，而其表征则是都不征用国师，等到王朝强盛之后，慢慢收服隐士和道门中的高端人物，那时候舆论的力量也就完全掌握在自己手中了。

五代十国偏偏又是相对制约的，谁也谈不上强盛。因此这时候陈抟所代表的势力拥有着隐形而巨大的权力，甚至可以左右一代君主。

终于，柴荣中年早逝，赵匡胤也不负众望，即位为帝。

而这时陈抟在华山的山洞里睁开眼睛。

后来民间有传说，说陈抟和赵匡胤赌棋争胜，赢了华山，所以华山日后就归陈抟所有，不用向赵宋王朝纳粮捐税。这当然只是传说，但空穴来风，未必无因。

我们可以看到这个说法还是有一定道理的。自周世宗柴荣，加上赵匡胤、赵光义，连续三代皇帝都亲自接见过陈抟，而且礼貌恭谨，足可以说明陈抟以及他所在的华山在这个历史时期内的确有着一定的特殊性。倒不仅仅因为他在民间有神仙的声名，更大的可能就是三位皇帝都清楚陈抟的身份和他代表的意义。

陈抟是隐士，是拥有着深厚道门资源的隐士，著名的道士或仙人吕洞宾据说经常和陈抟相与往还。他的倾向在某种程度上足以影响天下格局，所以在时机成熟前只能对他保持相当的敬畏。

事实上，当赵氏兄弟逐一平定小朝廷建立起统一的大宋王朝时，陈抟也就消失了。尽管我们推算年龄，那时陈抟确已年老，或许已不在人世。终宋朝一世也没有再出现过陈抟这样举足轻重的人物，而他在成为这种人物的时候甚至什么都没做,只是每天在华山的山洞里舒舒服服睡大觉而已。

就是这样。

他的时代结束了。

赵匡胤即位之后,灭南唐,扫北汉,引兵入蜀,所向无敌。

赵氏兄弟的分工有如东汉末年孙策孙权兄弟一样,哥哥能征惯战,弟弟善于守成。一个崭新而统一的大宋王朝正一步步地建立起来。而这正是陈抟所希望的。

在此之前,他和他的势力选择了赵匡胤也不可能毫无理由,他们认为他将是最终结束这个乱世的人。

新兴的大宋王朝在赵匡胤的亲自主持下打下了良好的基础。据说赵匡胤禁宫铁牌上刻着三大戒律:"不得谋害柴荣子嗣。不得无故诛杀功臣。不得杀士大夫及上书言事人。子孙有渝其誓者,天必殛之!"

这三大铁律是否真实存在至今待考,但纵观历代诸朝,宋朝在这三点上做得的确相当出众。宋太祖之后,太宗赵光义继承兄长遗训,偃武修文,更建立起宋朝文官化政治的雏形。有宋一代的社会文明成就在我国历史上实属上乘。

四、道门隐逸

陈抟这种隐士,在中华隐士史上可以划分为特殊存在。无论古今,再难找到隐士在特定历史时期内发挥如此大作用的例子。

隐士能影响时局者,比方南朝"山中宰相"陶弘景,已经属于正常情况下的极限。但在朝代更迭剧烈且迅速的五代之中,以陈抟为代表的隐士群竟能借助道门的力量而在舆论上对时局产生影响。

就此而言,这个时期是隐士最辉煌的时期。而陈抟本人也可以称为隐士发挥政治影响力的顶点,尽管就陈抟本人来说,这可能并不重要。

他仍然是一个不修边幅的和蔼而爱睡觉的小老头儿。华山不受朝廷管辖,林木尤其茂盛,吸引了越来越多的百姓。偶尔,他们在打柴的时候也会脚下一软,低头一看:"啊,陈神仙……"

低调的陈抟同时也是当世成就卓越的哲学家和思想家。在潜心内功的同时,陈抟留下了大量宝贵的著作和学术成就。

一、在陈抟以前未见有"太极图",亦未形成太极文化形态及其理论体系。自陈抟创绘出"太极图""先天方圆图""八卦生变图"等一系列《易》图，并发表《太极阴阳说》后，才出现了宋代大儒周敦颐的《太极图说》、张载的《太和论》、邵雍的《皇极经世》，以及程颢、程颐、朱熹的《易传》，从而才有中华独有的太极文化形态和一系列理论，尤其是宋代理学家的形成，推动了历史的进步。

二、著《易龙图序》、传河洛数理，成为中国"龙图"的第一人。"龙图"又名"河图"，是"龙马负图"和"河龙图发"传说的简称，早在《尚书》中就有"河图"记载。从道家文化宝库中传出了《龙图》的基本内容后，人们才知道"龙图"是一个物象数理起源图示。《易龙图序》对南宋伟大数学家秦九韶的《数术九章》产生了启迪作用。他在自序中说"自爱河图洛书，八卦九畴"，即为明证。

三、注释《正易心法》，倡先天易学。他的先天易学，是宋代新"易"学始祖。陈抟认为，周孔《易》学为儒家一家之言，已不能适应社会发展的需要。因此，他在《正易心法注》中明确指出："学《易》者，当于羲皇心地中驰骋，无于周孔言语下拘挛。"主张融合三家以治《易》、以治学、以治心、以治身、以治天下一切。在这一学术思想的指导下，大儒邵康节从事研究先天易学长达三十年之久，写出了《皇极经世》巨著，至今仍是物理学、天文学、生态学、自然环境学等自然科学的重要参考工具书。

四、著《指玄篇》《观空篇》《胎息诀》《阴真君还丹歌注》等，并亲自实践，成为古今第一睡仙。陈抟十分推崇《无极图》，并亲自指导和完善道教内丹哲理，使其在理论上得到和谐统一。

五、著《龟鉴》《心相篇》等，把中国古代相学引向唯物论的范畴。

六、著《三峰寓言》《高阳集》《钓谭集》《木岩集》《诗评》等，博学多才，后世尊他为"儒师道祖"。

单以这些成就而论，陈抟就足以列名当世第一流大宗师而无愧。而他的学术成就中最引人注目的也正是他毕生所实践的，就是将儒家的经典学问与其他教派的学术成就相借鉴混合。正如他本身身为隐士，然而后世道门中人却往往视之为门派宗师一样。陈抟在特定的历史时期做出了人所难能的探索和实践。

从他之后，他的再传弟子或深受他哲学影响的人，比方邵康节抑或周敦儒，都沿着这条路继续走了下去。可以说，陈抟的思想遗产在数百年后间接地影响了南宋王朝乃至整个中华历史。

尽管陈抟最著名的特性还是睡觉，但我们必须得承认，这个爱睡觉的人做得实在已足够多。

梅妻鹤子今称雅

林逋

少孤力学
独守清贫
梅妻鹤子

一、少孤力学

> 众芳摇落独暄妍,占尽风情向小园。
> 疏影横斜水清浅,暗香浮动月黄昏。
> 霜禽欲下先偷眼,粉蝶如知合断魂。
> 幸有微吟可相狎,不须檀板共金樽。

这首诗叫作《山园小梅》。

中华历史上吟诵梅花的诗篇成千上万,但这一首可能是最有名的。

我小的时候住在农村,家里木柜子上刻着花纹,有花卉也有诗歌,其中就有"疏影横斜水清浅,暗香浮动月黄昏"这一联,只是不知道作者是谁而已。

后来渐渐长大,才知道它的作者叫林逋,字君复,谥号和靖先生,所以后人又称他为林和靖。他是著名的大隐士。

林逋生活的年代,大致在北宋早中期。

这个时候，宋朝的基业已经基本巩固。我们在陈抟篇里大略说过。宋太祖赵匡胤神武无敌，太宗赵光义则颇有文略而武勇逊之。用白话来说就是赵光义这个人打仗没有他哥哥好。赵匡胤临死之前，北方的异族还没有被消灭。这个异族就是辽国。西夏也开始崛起，始终都在打仗。赵光义打仗不行，战阵上讨不到什么便宜。他的儿子宋真宗也继承了这个特点，后来只好和异族们谈和，以金钱换和平。

宋真宗被敌军吓破了胆，吩咐去和谈的臣子说要多少朕都给。旁边大臣寇准转过来说："你要敢给多了，皇上不杀你，我也杀了你！"结果使臣在两面不讨好的压力下竟然谈得很好。

宋朝以后每年拿钱了事。战争打出这种结果，看上去是颇有些屈辱的，但实际上还没有那么严重。统一之后的大宋王朝国库相当充裕，每年献给异族的钱帛不过是财政收入的百分之几，比打仗花军费便宜得多。

宋真宗之后，即位的是宋仁宗。这位是有宋一代传说最多的皇帝，什么天波府杨家将、开封府包青天、三侠五义、狄青五虎将都是他那时候的故事。

宋朝连续四代皇帝，质量还都不差，所以这一时期的王朝内部还是安定繁荣的。人心思静嘛。因此这一时期也是隐士们的最后逍遥时代。

宋朝以后，元明清三代就没有逍遥隐士了。元、清两代的隐士们不是在忙着组织义军，起码也是跟少数民族统治者冰炭不同炉。明朝的舆论动向太过严重，学术研究一不小心就掉到政治斗争里去，以至于隐士们要么闭嘴埋头书画，要么索性破罐子破摔，说个痛快。这就是我们后面要说到的沈周和李贽。所以和他们相比，林逋生活的时代还是很令人羡慕的。

然而偏偏是这位林逋先生，小时候家境却不怎么好，过得很贫苦。因为本身就不是什么有钱的家庭，再加上父母死得早，家里主要靠他哥哥支持。然而，如果说与哥哥在一起还算他此生最幸福时光的话，那么十年之后，他便再也感受不到幸福。因为哥哥成亲了，而且当了上门女婿。

上门女婿这个身份一直很受歧视，汉朝打仗的时候专门抓"赘婿"上战场，就是欺负上门女婿。林逋的哥哥连上门女婿都做，可见家境是真的太艰难了。但做上门女婿在家里是没有地位的，一切得听妻子安排。就在哥哥成亲的第二天，林逋便被嫂子赶出了家门。

虽说是分家另过了，但林逋从小不善经营，从他后来的事迹我们可以看出，他是个很敏感且内向的人。好在那时候林逋毕竟已经读过几年书了，读得还不错，虽然乡间也没有什么名师，但成绩还是普遍为人称许的。

宋朝偃武修文，文学之士很受重视，要是能在此中谋求功名，那么重振家声也不是难事。所以分家另过之后，林逋的生活不用说是艰难的，但心中总还充满着希望。

北宋建立伊始，赵匡胤很注重奖掖科举士人，唯恐他们没盘缠上京赶考，还特地设了帮助制度。但就像大多数堂皇的道理一样，这经后来被一群歪嘴和尚念歪了。

申请公费上京的人太多，其中有些压根就不是去科举的——古代科举是终身制，不死都可以考，也看不出某人是不是应届考生。等到林逋上京的时候，这个官费制度已经发展到没关系没钱就不能享受的程度了。

我们说过林逋不善经营，种田、做买卖这些营生他一概不在行，何况还要看书。轮到用钱的时候，他身上却一分钱也没有，唯一能帮他的哥哥在妻子的监视下也不敢对弟弟怎么好。

　　就在他赶往京城的前一天晚上，哥哥偷偷塞给他几两银子，含着泪对他说："这是哥哥所有的积蓄，你到外面好好考个功名吧。到时候，你嫂子就不会小看你了。"

　　一文钱难倒英雄汉啊！

　　林逋拿着这钱，心情很沉重。他暗下决心，一定要考出个功名来，为自己也为哥哥争这一口气，重振家声。然而他却科场蹉跎，屡战屡败。

　　其实这也不奇怪，之前我们就说过文学意义上的好诗歌和官场喜欢的诗歌是不一样的。

　　论诗歌的整体成就，唐朝强于宋朝，但唐代大诗人孟浩然照样在玄宗皇帝李隆基面前碰了一鼻子灰。而跟林逋比起来，孟浩然的条件好得简直就是神仙。

　　孟浩然初到长安之时已有声名，所结交的不是高级官吏就是高级诗人。而林逋乡下穷小子一个，突然闯入世事，两眼一抹黑，一问三不知，性格又内向，估计在他少年生涯中没少挨过白眼和歧视。这样生活经历下的林逋，就算才学再高，你让他坐那里好整以暇地写一篇颂圣的诗，他写得出来吗？他知道怎么写，主考官才会舒服吗？

　　有些事，是勉强不来的。

　　我们说宋朝是一个文官的朝代，但它不是一个诗人的朝代。虽然这个朝代的官员仍旧人人能诗，但这主要是制度上的而非个性上的。那边还给异族交着钱帛呢！虽然不多，怎么看也不是能让人逸兴横飞的事。

所以总体而论,宋代考官也比唐代考官要拘谨。唐代即使是应举诗或落第诗里都不乏珍品,更有些狂到在考场上就敢大玩个性的人物。比方祖咏去考试的时候,考题是五言律诗。八句合格,这老兄写了四句,把笔一撂,起身就走。

考官赶紧扯住:"干吗呢?写完再走。"

"诗意已尽。"祖咏平淡地说。

于是,他就以四句落第诗而名震天下。那四句诗是:

> 终南阴岭秀,积雪浮云端。
> 林表明霁色,城中增暮寒。

唐朝的诗人就敢这么个性,换林逋敢吗?

他那点儿银子还是哥哥辛辛苦苦攒出来的,结果屡战屡败,到后来也就心灰意冷了。

科举不中,就不能取得功名,就不能衣锦还乡……那还有必要回去吗?

乡中父母均已亡故,只剩弱兄悍嫂,回之何为?

想天地之大,岂无我林君复容身之所?于是,林逋从此就开始了周游各地的漂泊生涯。

他先是从杭州沿运河北上,经过苏州、扬州;后又从盱眙一带转入淮河、汴河,北出曹州,然后折返南下,取道淮甸至舒城、无为一带;后又渡长江进入今江西省中部,经安福县抵达临江军乘船北上,最后又沿长江东过芜湖、历阳、金陵回到杭州。

一路奔波，一路风尘，一路科举，就这样十年过去了。在这十年里，林逋什么也没考上，而考场上的潜规则也使他对功名感到彻底失望。

林逋想：既然如此，为何不寻找一个地方归隐起来，远离世事尘嚣，过一种无人打扰、自在逍遥的生活呢？

正在自言自语的时候，他却意外地在杭州找到了一个好地方——孤山。

孤山是什么地方？

它是湖内的一座孤岛，西湖湖水碧绿如玉，孤山岛恰似镶嵌在绿玉上的一颗宝珠，四周碧水环绕，起风之时碧水雪浪。由此可知，林逋先生隐居的处所不仅是人间仙境，还是修身养性的好地方。

后来，他便一直隐居在孤山上，种梅养鹤，直到死去再也没有进过杭州城。

二、独守清贫

且说林逋这些年周游天下,又无营生,他是靠什么活下来的呢?

说来令人难以置信,他是靠朋友救济和寺庙的慈善。宋朝国富民强,林逋在游走天下的过程中多少也积累了一点小名头,有了一些朋友。他这些朋友混得都比他好,文学之士嘛,科场上屡战屡败十余年的毕竟是少数。人家要么早成就功名了,要么家里有钱,要么已经改行了。林逋每次来,朋友们都盛情接待,走时还送一大笔程仪。不过到孤山隐居之后,就碰到问题了。

那时候,林逋虽然已经决意隐居孤山,但隐居之后也是要米要柴的,这点他非常清楚。

既然称道隐居,也不能干什么过于刻意的营生。隐居而兼卖糖炒栗子,那不行,就算是隐居而种地,成天到晚灰头土脸的也不好看,何况隐士们一般对体力活都不擅长。

打从根源上起,孔夫子就说:"吾不如老农。""吾不如老圃。"

陶渊明论写诗一人能顶千百个农夫，论喝酒可能也能喝倒两三个，论耕地么……

总而言之，隐居了还得每天劳苦不休，这和林逋的审美观念有冲突。

所以他最后选择了梅花，开始种植梅花。

他在孤山上划了一大块地。——那时候孤山还是人迹罕至之地。

林逋隐居之时，苏轼还没出生，杭州也就还没有"苏堤春晓"之类的美景。那时候全国也就几千万人口，人少地多，随便他乱划，要是搁现在杭州的地价，林逋单凭这块地就能置身全国富豪之列。

林逋买了一堆梅花的枝芽，起初花枝太幼嫩，只能搁花盆里养，后来慢慢长大，才一棵一棵小心翼翼地移进土里，再等它们慢慢长大，长成老梅……

这是非常费工夫的事，梅花长得慢，至今国内还有存世千百年甚至数千年的古梅。不是说林逋今天要种梅花，明天就花香满园了。

所以即使林逋买了好多梅花枝芽，但在它们完全长成之前，还是不能解决吃饭问题。

那梅花长成之后，林逋就能衣食无忧了？

嗯，是这样。

其实不单是梅花，中国的经济作物还是很多的。

三国时代吴国丹杨有一位太守叫作李衡，妻子是个贤德的人，怕他在位的时候贪赃枉法，坏了声名，就始终不许他置办家业。李衡就偷偷在武陵郡弄了块地，派了十个家客去种了一千来棵柑橘。其实他妻子也知道，不过这是小节，就不去管他。结果李衡临死的时候，把儿子叫过来，在床头跟他说："孩儿啊，我当了这几十年官，被你娘管着，始终没置下产业，所以咱们家穷成这个样子。但是别担心，爹爹在某处某处种了一千棵木奴，收获的时候，每棵能换回一匹绢来，也就足够你们娘俩生活了。"

柑橘从此就有了一个称号，叫作"木奴"。

木头奴仆嘛，种下去了就不会跑。唯一的限制就是要搭工夫。李衡提前准备了七八年，临死的时候才派上用场。但这个东西是一劳永逸的，只要树已长成，以后无论丰年荒年，多少总有出产，足可以衣食无忧。

太史公司马迁说："江陵千树橘，当封君家。"

你种一千棵橘树，家产就足能顶得上官宦世家。

柑橘这么强大，梅花其实也差不多。唯一的缺点是不能直接吃。但论经济价值，独具观赏性的梅花比柑橘还要强些。

林逋现在一无所有，唯一富余的就是时间。所以他种了一大片梅树，等它们慢慢长成，他就可以衣食无忧了。

"梅妻"暂时出不上力，他的"鹤子"就也无着落。本来就那点儿可怜的积蓄，梅花长成之前林逋自己的生计都成问题。

那吃饭怎么办呢？

林逋也有招。

孤山上有一座寺庙，叫作南麓栖禅寺，离林逋隐居的地方不远。寺里每天早中晚三餐定时开饭，开饭的时候要先敲钟、念经。林逋听到钟声，就趁着他们念经的工夫前往，然后跟和尚一起开饭。

彼时百姓富裕,寺庙就跟着富裕,也不在乎多这一张闲嘴吃饭,佛家以慈悲为怀嘛。再说我们肯供应,也得你肯吃。佛寺的饭食是白米管饱,菜肴欠奉,什么大鱼大鸭子一概没有,喝酒更是免谈。这要是陶渊明那样嗜酒的人就要了老命了,林逋无所谓,他小时候穷习惯了。

但杭州人看不过眼去,那是哪位啊,成天在寺里混吃混喝?

林逋后来成为杭州城的精神象征、三贤之一,那是梅林长成、衣食富足之后,现在可还不成。

于是就有人讽刺他:

寺里掇斋饿老师,林间咳嗽病猕猴。

豪氏遗物鹅伸颈,好客临门鳖缩头。

四句诗把林逋这时候的可怜相描绘得活灵活现。

然而林逋毕竟是林逋。他在寺里常年蹭饭,是有活不下去的苦衷,而且寺里其实真也不在乎。那寺里百十个和尚,林逋孤家寡人一个,"咳嗽病猕猴",人家要有意见早赶走他了。

栖禅寺的方丈年老有德,眼里识人,知道像林逋这样的人生活如此惨淡,实在已是贤才落魄,就约束手下僧众不要难为林逋。

而随着林逋在孤山上隐居,一步不入杭州城,他的声望也逐渐高了起来。

隐士就是这个样子,尤其是有宋一代的隐士,最难的就是成名。

成了名之后则逍遥得很，要官有官，要钱有钱，所以这一代像卢藏用那样有功利性的隐士也不少。

林逋成长环境特殊，其他隐士史上有名的大隐士，小时候从不用考虑衣食。林逋可能是其中最贫困的一个，所以尽管他已经真正成为一位隐士，心里还是不能完全放下经济账，所以种了无数梅花以备他日的供养。

有一点他分得很清，就是总有一日要靠自己的力量完全独立。他林逋在这里隐居，并不是图谋什么官位，也不是谋求谁的家产，他就是想从从容容地过几天安心的日子，活得像个人！所以在孤山隐居的这些年里，林逋始终手不离书，用力于经史。他在科举的时候屡战屡败，不代表他个人才智欠缺。

尤其我们知道朝廷评价文章诗赋的标准和民间并不完全一样。林逋的诗赋不足以为他谋取功名，但渐渐流传到世上时，却为他博取了广泛的好评和声誉。这时候，林逋坐在梅林之内，苍凉的内心才备感欣慰。

时光匆匆，转眼又是很多年过去了。

西湖孤山上的梅花开了又谢，谢了又开，湖心的亭子上常有积雪，水鸟在未冻的湖面上展翅翱翔。

不知不觉之间，林逋就发现自己的须发已经花白了。

这些年里，随着梅花树的渐渐长成，他的境遇也逐渐好起来。他已经不用再像以前那样每天去寺里蹭饭了。冬天第一枝梅花吐蕊绽放的时候，他将它珍而重之地供养在南麓栖禅寺大殿的供桌之上，日渐衰老的方丈对他微微笑了笑，合十为礼。

杭州城里讥嘲他的声音也越来越少了。这时候他的声名甚至已经传到遥远的开封府。真宗皇帝特地颁下诏书,令杭州当地官府好生看顾他,每年都来慰问。而杭州城里也渐渐传说孤山上有一位志向高洁的大隐士叫作林逋林君复。林君复听了之后只是淡然而笑。

这时候他开始结交一些小朋友。

之所以称小朋友,是因为年龄明显和他存在着差距,有的小二十岁,有的小三十岁。但这些年轻的士子并不是他的粉丝,而是可以与他真正心灵相通的知己。

总的来说,宋朝的政策是修文偃武。但宋朝初年情况并不完全如此。

宋朝的皇帝们可以迅速建立起一个文官执政的架构,却不能保证每个架构都有合适人选,他们可以创造一个氛围,却不能直接制造出人才。北宋初年朝廷里真正有才学的文官并不多。

比方和赵匡胤、赵光义兄弟两代皇帝都交谊深厚的宰相赵普,号称"半部《论语》治天下",似乎看上去很牛,其实乃是因为基本功夫不够。

从五代遗留下来的那几个学士就看不上赵普,后来终于找机会狠狠寒碜了赵普一把,让太祖、太宗皇帝终于明白了赵普其实学问一般。但就是这样的人都能一时蹈据相位,足可见当时北宋王朝文官人才的贫瘠程度。

北宋文人人才的大规模涌现,就是在林逋生活的真宗、仁宗时代。林逋结交的这些小朋友都非凡俗之辈。

比他小二十岁的是有宋一代出将入相的文坛领袖范仲淹,比他小三十岁的是北宋著名诗人梅尧臣。

林逋的才华,也终于在埋没三十年后,重新为世人认识。

三、梅妻鹤子

这时候孤山的梅花已经基本长成了,共有三百六十余棵,每一棵梅花的产出,足以供给林逋一日所需。他已经不再需要为生计窘迫发愁,而将更多的精力放在隐居生活。

后来,他买了一只仙鹤。林逋终身不曾娶妻,这只仙鹤是他身边唯一的活物,也是他唯一的精神寄托。

夜凉的时候林逋有时披衣起身,会看到山下潋滟湖光中那只仙鹤飘飞的踪影,他把它视若珍宝。而孤山乃至整个杭州城的人也都知道那只鹤是林君复先生的,动他可以,动那只鹤没门!

林逋"梅妻鹤子"的雅号也就是在这时候获得的。

事实上,通过和范仲淹等人的结交,我们可以知道林逋并不完全是个食古不化、脾气怪僻的人。

因为范仲淹本人绝非书呆子,此人用兵能令西夏惊呼"小范老子胸中有数万甲兵",世称"军中有一范,西贼闻之惊破胆"。为臣能致位宰辅,领袖文林,就连为自己从未去过的岳阳楼作的一篇《岳阳楼记》都能写得气象万千。这样的人又怎会和一个庸碌之才成为知交？

虽然林逋个人科举失败，但他中年以后潜心教导他哥哥的孩子即他的侄子林彰，林彰后来就顺利考上了进士。

林逋的两个侄子后来在官场都颇有成就。林逋自己的科举失败是个人的失败，他的才学本身是恒定的，只是时势在变。而林逋所欠缺的恰恰就是随着时势变化而采取相应对策的能力。这样到了晚年，他的缺憾反而被隐居带来的声望和阅历弥补。林逋开始表现出他的锋芒，尽管这锋芒少有人见。

杭州名僧智圆就是少数比较了解林逋的人之一，他后来和林逋结为知交，彼此经常往来。

智圆能诗，并曾写诗赞誉林逋道：

深居猿鸟共忘机，荀孟才华鹤氅衣。
满砌落花春病起，一湖明月夜渔归。
风摇野水青蒲短，雨过闲园紫蕨肥。
尘土满床书万卷，玄缥何日到松扉？

"荀孟"即春秋战国时有名的贤者荀卿和孟轲。值得注意的是，这两个人都不能简单地被归结为隐士。

孟子一生提倡君王之道，因此奔走诸国，虽然不能成功，然而其志切切。荀子更是教出了两个卿相级别的弟子：韩非和李斯。

孟子、荀子是儒家，而韩非、李斯是法家。

内儒外法，向来是士子们所提倡的治世最高境界。

但智圆虽然是林逋的好友，他对林逋的了解程度只怕还远远不如他的老师——那个温和地容许林逋蹭了好几年饭的老僧人。老僧与林逋之间甚至没有正式交谈过，但他隐藏在皱褶下的眼神无比锐利，一眼就能看出林逋绝非等闲之辈。

而这时候，林逋的声名越来越高。原因之一是他的社交圈已经今非昔比。范仲淹等人此时虽然年轻，也都是一代人杰。这些朋友的大力推举自然绝非寻常士绅可以企及。另一个原因则是他已经有了品牌效应，而且这个品牌效应还极富视觉冲击性。

当人们看到孤山之上大片梅花映着阳光绽放之时，当人们看到那只仙鹤轻灵地周折在天际之时，就不可能不想起在那花树之间从容一如仙人的林逋林君复。

他的声名甚至惊动了当朝宰相，宰相叫作王随，是崇信佛法喜好清谈的人。他不远千里纡尊降贵来拜会林逋，林逋欣然招待。这与后面我们要说到的倪云林不同。倪云林的脾气是宰相也好，皇帝也罢，只要不喜欢就统统拿扫帚扫出门去。但林逋并不拒绝王随，或者在他以一介隐士身份而从容招待当朝宰相时，会回想到当初科举不第半生蹭蹬，进而暗暗萌生出一丝快感。

从宋初陈抟老祖之下，有宋一代，隐士的声名荣耀再无过于林逋。而在林逋的前半生里，他比任何一个已知的大隐士都穷，所以终于苦熬成名的林逋，做派与其他人也大不相同。他也写诗，而且诗才颇好，今天我们仍然能看到他的不少传世之作。除了篇首提到的那首咏梅诗之外（这首诗引发了整个北宋王朝里梅花的流行。宋朝诗人几乎每人都或多或少写过几首咏梅诗），林逋还留下了《林和靖先生诗集》这样的作品。其中的幽然清俊，足以在宋代诗歌史上占据一席之地。

小隐自题

竹树绕吾庐,清深趣有余。

鹤闲临水久,蜂懒采花疏。

酒病妨开卷,春阴入荷锄。

尝怜古图画,多半写樵渔。

宿洞霄宫

秋山不可尽,秋思亦无垠。

碧涧流红叶,青林点白云。

凉阴一鸟下,落日乱蝉分。

此夜芭蕉雨,何人枕上闻。

长相思

吴山青,越山青。两岸青山相送迎,谁知离别情?

君泪盈,妾泪盈。罗带同心结未成,江边潮已平。

点绛唇

金谷年年,乱生春色谁为主?余花落处,满地和烟雨。

又是离歌,一阕长亭暮。

王孙去。萋萋无数,南北东西路。

但这些存世的诗词并不是他最好的作品。林逋晚年并不存诗,他的诗稿写出来之后随手就或撕或烧了。

智圆和尚知道他这个怪癖,也曾经问他此中原因,林逋怅然说道:"我方晦迹林壑,且不欲以诗名一时,况后世乎?"

功名、富贵,至此如浮云。对于林逋来说,都已经不需要了。

有迹可循的由林逋亲自留下的诗歌总共只有两首,一首就是《山园小梅》,因为太有名,另一首则不为人知,是林逋晚年写给自己的遗诗:

湖上青山对结庐,坟前修竹亦萧疏。
茂陵他日求遗稿,犹喜曾无封禅书。

"封禅"是时政。宋真宗御驾亲征,结果战绩不佳,觉得失了威信,回京之后就与大臣王钦若商议,秘密弄了一手"天书封禅"的把戏。将帛书先期放在宫门和泰山之上,伪称天书,以示天命所归。

对这件事情,王朝上下大半心知肚明——败仗打成这个样子,居然还有天书,那么太祖皇帝努力非常,开创大宋王朝基业,怎么什么都没有得到?

只不过毕竟顾忌到皇帝的颜面,谁也不好意思公开揭穿而已。

唯一一个在诗作里公开讥刺真宗封禅的,却是一向与世无争的林逋。他存世诗稿之中,这也是极其珍贵的涉及时政的作品。林逋一向被称"梅妻鹤子",纵情山水,但在他人生的最后时刻,终于偶尔露出锋芒。

宋仁宗天圣六年(1028年),六十一岁的林逋溘然离世,他的死亡备极哀荣,与六十一年前他低微的降生迥然不同。

他少年时父母双亡，兄长懦弱，孤立无援，举目无亲。但在晚年竟能与当时的文坛和官场有着不计其数的交往，小他三十几岁的诗人梅尧臣曾在漫漫大雪之中与林逋在孤山上以枯枝燃起炉火，围炉把酒谈诗。范仲淹也先后与他唱和诗作达五首之多，杭州太守中至少有五任都和他有着比较密切的往来。在林逋死后，太守李谘为他素服守棺七日，他已经取得功名的子侄们纷纷赶来。而当时的皇帝宋仁宗赐他为"处士"，并且赐谥号为"和靖"。

这位从始至终一天官也没做过的隐士，身死之后竟然得到王朝三品以上大臣才能得到的谥号，即使在历代隐士之中也属罕见。

有宋一代，王朝对隐士的待遇一向相当优容，而这也是隐士这类人群最后的繁华。

草野漂萍有仙踪

倪云林

- 元四家之首
- 崖岸自高
- 诗画双绝
- 神秘的遁世

一、元四家之首

第一次听说倪云林这个名字,是在阿城的小说《棋王》。棋王王一生光膀子大战高手脚卵,后来有几段话:

> 这以后,大家没事儿,常提起王一生,津津有味儿的回忆王一生光膀子大战脚卵。
>
> 我说了王一生如何如何不容易,脚卵说:"我父亲说过的,'寒门出高士'。据我父亲讲,我们祖上是元朝的倪云林。倪祖很爱干净,开始的时候,家里有钱,当然是讲究的。后来兵荒马乱,家道败了,倪祖就卖了家产,到处走,常在荒野店投宿,很遇到一些高士。后来与一个会下棋的村野之人相识,学得一手好棋。现在大家只晓得倪云林是元四家里的一个,诗书画绝佳,却不晓得倪云林还会下棋。倪祖后来信佛参禅,将棋炼进禅宗,自成一路。这棋只我们这一宗传下来。王一生赢了我,不晓得他是什么路,总归是高

手了。"

  大家都不知道倪云林是什么人，只听脚卵神吹，将信将疑，可也认定脚卵的棋有些来路，王一生既然赢了脚卵，当然更了不起。这里的知青在城里都是平民出身，多是寒苦的，自然更看重王一生。

这几段当时给我留下很深的印象。

那时候我还小，自然也不知道倪云林是什么人。相当长的时间里，《棋王》里脚卵对倪云林的介绍也就是我对倪云林的概念。直到如今，我仍然认为《棋王》里对倪云林的介绍是相当精确的。阿城那个人，极少在小说里说废话。

在这本关于隐士的小书里，也不由得提起倪云林来。

上一篇说到林逋。林逋是北宋时人，北宋被灭后建立了南宋，南宋和金对抗了一百年，金国终于被蒙古所灭，而蒙古人顺势南下，又灭了南宋。

蒙古人的军事能力非常突出，扫平诸国，兵锋无敌，当时金帐汗国统辖的疆域一直西至多瑙河畔。相比金朝，素来给人武备孱弱印象的南宋的抵抗倒是可圈可点，尤其围绕着襄阳和钓鱼城的攻守，其持续时间和激烈程度都很值得敬佩。

最后蒙古人还是攻破了南宋，南宋的忠臣陆秀夫背着年幼的小皇帝跳海殉国，南宋就此灭亡。

后来人们在那附近的海边立了块碑，写道"崖山之后更无中国"。另一个忠臣文天祥则在被俘后不屈而死，写下流传千古的名篇《正气歌》，而临死时袍带上写着"孔曰成仁，孟曰取义"八个字。

南宋灭亡之后，蒙古人在北京建立起新的王朝，取名大元。元朝是中国历史上第一个少数民族建立的大一统王朝，所以从建立伊始，民众的自发反抗就从来没有停止过。

倪云林出生的时候，已经是元朝中后期。他姓倪，名瓒，字元镇，云林是他的号，后来竟以名号传世，如苏东坡之于苏轼一般。

起初，他家境很好。父亲一代和兄长一代都饶有积蓄，以至于倪云林一不用考虑生计，二不用考虑前途，可以随心所欲。于是倪云林就把兴趣投向了书房。

后来号称明朝第一文臣的宋濂写诗评价他："看院留黄鹤，耕云种紫芝。天下书读尽，人间事不知。"一语中的。

元朝统治者们起先对于百姓比较残暴，后来听了有智略的臣子劝谏，稍微转向怀柔，尤其注意吸纳汉人之中的饱学之士。但总的来说，整个元朝时期，汉人的地位总是不高。

蒙古人虽然统治了数十年，但汉族百姓还是不喜欢，在这种大前提下，倪云林想要的前途也要不来。他起先的爱好最后竟成了终生的消遣方式。就此而言，历代隐士之中，倪云林是最奇怪的，因为他几乎没有任何政治诉求。

我们说过孟浩然在长安城中科举失败，立即转向归隐的道路，并且称他为天生的隐士，倪云林也可以称作天生的隐士，然而是最糟糕的那一种。因为倪云林除了与读书相关的事情之外，基本上什么都不会。

这位老兄不会砍柴，不会烧火，不会洗衣，不会做饭，在家里属于油瓶子倒了都不扶的人。其他的隐士或多或少还有出世和入世的过程，但倪云林在家境败落之前从未入过世。他的一切的见闻和体会都来源于书本和狭窄的朋友圈，但在读书方面，倪云林很有天赋。

他生在富贵人家，读起书来十分勤奋，而且在读书的过程中他很快发现了自己的另一个天赋，那就是绘画。

在这方面，倪云林是天才！

的确是天才，我们下一篇会讲到明代著名隐士沈周，沈周也是一个大画家。倪云林是元季四大家之一，沈周则是吴门四大家之一，同是一代英杰，然而公论沈周的画比之倪云林的还是稍逊一筹。那不是技法的差距，也不是境界的差异，而在于韵味。

像倪云林这样生活的人，恐怕纵观历史也是少有的。沈周无论如何也算一个正常人，而倪云林并不正常。

我们即将讲到的明代著名隐士李贽先生老年时极狂，倪云林相对则是痴。他的痴迷沉醉落到笔法之中，使他的诗画有着一种不可模仿的孤寂高洁。

后来，大画家董其昌评价倪云林的画为诸画质量最上的"逸品"，而沈周的画作做是"神品"。"逸品"排名在"神品"之上。然而神品既已"神"，逸品又何来超越呢？只能说逸品从一开始就没有与任何画作比较的意义，独逸超群，无人我之分辨。

元朝末年，天下一共有四位公认的杰出画家，就是倪云林、黄公望、吴镇、王蒙。也就是说这位连自己的书斋都很少走出的书痴，不小心就成了元末画坛第一流的名手。至于倪云林饱读经史，却为何最终以画成名，我们之后再讲。

二、崖岸自高

我们说倪云林是天生的失败的隐士，首先缘于他的家境。

倪家在此之前并不是了不起的世家，尤其这时候是由少数民族统治的元朝，汉人世家再源远流长也没有实际效力。倪家在元朝的统治之下过得很好，其实有点暴发户的意味。这主要是凭借了倪云林同父异母的兄长倪昭奎的力量。倪昭奎并不是文人，也不是官吏，他是一个道士，而且还是一个杰出的道士。从此可以看出倪昭奎应该是个很聪明的人，因为以当时的时代背景和倪家的条件，就算混迹官场前途也必有限。

那时倪家颇有祖产，积攒了不少典籍乃至于佛经道藏。倪昭奎少年时的轨迹大致与倪云林相仿，但他比倪云林通晓时势得多，一朝豁然开朗，就成了道士。

蒙古人比较迷信，大都里什么佛寺啊，道观啊，喇嘛庙之类的层出不穷，只要是能烧香的他们都敬信，混道士这行比混官场容易多了。

所以当倪云林还是少年时,倪昭奎已经混得相当不错了。

据《道藏》记载,倪昭奎出生时便有白光自重霄透屋而出,他后来又成功地作法赶走了一堆蝗虫,于是朝廷大为满意,嘉奖其为"元素神应崇道法师",又为"玄中文洁贞白真人",属于朝廷钦命的高级道士,出口能断祸福,当地的元朝地方官都惧他三分。

有这样一个哥哥护着,又有豪富的家底撑着,倪云林这才万事不愁。他在家里专门有个外号,叫作"懒瓒"。

单看这俩字就知道这位大才子大画家在家到底什么德行了。除了在书房里勤快,大概也就是衣来伸手饭来张口。围绕这老兄的故事也特别多。

其他的隐士在史书分类中通常被归到隐逸传里,只有倪云林与众不同。记载他史料最多的著作不是史书,而是一本叫作《古今笑史》的书。顾名思义,这是一本笑话书。古今隐士之中能混到在笑话书里当主角的,也就只有倪云林这么一位了。

倪云林之所以不小心成为笑话书主角,不仅仅因为是书痴,还因为这老兄有洁癖。

他家世豪富,百事不愁,又兼志向高洁,这么说起来有点洁癖也不足为奇。但倪云林的洁癖能到足以进笑话书的地步,读者诸君也就可以想象究竟是什么程度了。且说,有这么一档子事:

倪云林有次借住在一个姓邹的人家。邹氏是位老师,他的女婿叫金宣伯,其实也是当时名士。金宣伯一天来串门,倪云林听说是金宣伯到了,十分高兴,恭恭敬敬地出门迎接。但金宣伯这个人长相跟倪云林的审美有分歧,用倪云林的看法就是比较俗。倪云林大怒,当场给金宣伯一个耳光。

金宣伯很惭愧，也很生气，扭头就走了。邹氏出来不见人，感觉很奇怪。倪云林说："宣伯面目可憎，说话没有品位，我赶他走了！"金宣伯就这样白挨一耳光。

挨了就挨了吧，谁让他是被倪云林打了呢？让别人打了，多少还能讲讲理。倪云林是个痴人，他认准的东西怎么说都没有用。在他那就俩标准：俗和雅。非友即敌。就是我们前文提过的那些位大隐士，像严子陵这样风度翩翩的可能还没问题，像嵇康那样光着膀子乍一看铁匠一样的人，会不会挨倪云林的巴掌都是未知数。

野史笔记里还有一个记载：

有一个叫赵行恕的人，本是宋朝王室后代。他很仰慕倪云林的清雅，所以来拜访他，倪云林也款待了他。童子把倪云林自创的"清泉白石茶"端上来，赵行恕像平常一样饮茶，这就惹恼了倪云林。他生气地说："我以为你是王室宗亲，才拿出这样的佳品，你竟然品不出好处，真是俗物。"从此和赵行恕断交。

饮茶也属高人隐士必备，毫无疑问，在俗人眼中这些没有用的领域里，倪云林都很有天分。宋朝宗室赵行恕也只能黯然离去。这个桥段经常让人想起《红楼梦》里妙玉请宝黛钗三人喝茶时候说的话："一杯为品，二杯即是解渴的蠢物，三杯便是饮牛饮驴了。"

第三个故事相对就"雷"了点儿：

且说倪云林的一个朋友徐先生前来拜访，偶然吐了一口痰。倪云林赶紧让仆人找找吐哪儿了。仆人没找着，倪云林竟然亲自出马，最后抓到"疑凶"在院子里桐树的根上，赶忙令仆人挑几桶水来，上上下下给桐树清洗。徐先生无比惭愧，赶紧走了。

不要说徐先生，这事可能换个人也受不了。

倪云林就是这个脾气，其实他并没有坏心，但是从小一帆风顺，没遇过挫折。心口如一的脾气一旦养成，就再也改不过来了。好在后来不但他的朋友，整个元朝都知道有这么一位云林先生，脾气特殊，碰见了少惹。

当然也有不信邪的。这位不信邪的是个高手，世称葛仙翁。"葛仙翁"这三个字，不是随便叫的。在道门中这三个字是晋朝葛洪的专用字，葛洪是道教肇建时居功甚伟的大宗师，宗派传承千数年后，仍然很具规模。《西游记》里直接将其列为四大天师之一。

倪云林遇到的这位葛仙翁虽然不是葛洪真身，但既然敢叫这个名字，也是非同小可的人物。这位仙翁，是当世名医。

因为倪云林母亲那时候病了，请葛仙翁来救命。而且倪云林跟葛仙翁虽然素未谋面，也听说葛仙翁不但医道高明，而且才学渊深，是个了不起的人物。

这的确是实情。元朝的时候一者官很难做，二者许多有志之士也不愿意做蒙古人的官，就往往以旁役自隐，医卜星相之中隐藏着很多高人。倪云林对葛仙翁一直就很敬仰，又赶上这个机会，就很迫切地想请葛仙翁来一见。

但这个葛仙翁实在是倪云林的天敌。

他首先提出条件，不答应不来。什么条件呢？

倪云林有一匹白马。各位注意，这是倪云林的白马，不是普通白马。照倪云林那脾气，这马出去溜达的时候恨不得先拿红毡铺地，马蹄子踩上一点儿灰他都心疼。葛仙翁的条件就是，要派这匹白马来接他。

一者老母生病，二者向往贤良。倪云林一咬牙，接就接吧！

白马派过去了。

葛仙翁果然如期而至。

不过他来的时间不对,那天正在下雨,古代既没有水泥,也没有沥青柏油,那个路况是可以理解的,落水就成泥。偏巧葛仙翁兴致还很好,他骑着倪云林那匹平时踩上土路都面露难色的白马在淤泥路上踢踏,一摇三摆地走。不小心还摔一跟头,人和马都跌泥水沟里去了,那惨劲就别提了。

不过这马怎么就这么容易摔跟头?嗯,没办法不摔,这是倪云林的马,都惯出毛病来了,压根就没有在泥水路里走路的经验。

葛仙翁终于到了倪府的时候,倪府家人都快吓死了!这也就是葛仙翁,换他们把这马糟蹋成这样,倪云林非把他们打得一个月下不了地。这不是虚声恫吓,倪府的家丁都知道这位三老爷(倪云林排行第三,他和长兄倪昭奎之间还有一位亲兄长倪子瑛)好洁成性。能达到什么程度?好比挑一担水,在仆人身前这桶水倪云林可以用,在仆人身后的倪云林就不用了。为什么呢?因为仆人难免放屁,味道会污染水。

你想他用桶水都这么大排场,这回把他的马弄成这样,那后果得多么惨烈啊。

要说葛仙翁不愧当世名士,硬是跟倪府的家人不一样。尽管半身都是泥水淋漓,但他看上去神态自若,气度雍容。他从容不迫地下马,进府。倪云林早已迎了出来。

事先早准备好了若干欢迎致意的话,可是看了葛仙翁这个造型,倪云林一口气愣是没上来,全咽肚子里了。

悲惨的是,这还仅仅是开始。

葛仙翁神色随和。"这位是云林先生?久仰久仰。小老儿葛某,一向听说云林先生府里有一座清閟阁,里面珍藏了历朝历代古籍字画,心中钦慕,无缘得见。今日总算有这个机会,咦?想来这座就是清闷阁吧?"

他倒还真熟,推门就进。倪云林快气死了。

这清闷阁就是他一生中待得最久的书房,里边真可谓纤尘不染。平常倪云林读书的时候,倪家专门有两个小书童拿着抹布东擦擦西抹抹,一刻都闲不下来。

现在这位葛先生就这么连泥带水地进去啦?你是葛仙翁吗?你是我的仇家派来故意玩我的吧?……倪云林这个郁闷啊,这个懊恼啊。

葛仙翁自己一个人溜达进清闷阁去"大开杀戒",倪云林都没说陪一陪。

为什么?

狠不下那心。亲眼看见自己的书籍字画被葛仙翁那还沾着尘泥的大手乱翻,倪云林非当场吐血了不可。

结果等了许久,葛仙翁这才满足地下来。倪云林压根就没忍心去看一眼残局,赶紧派人上去收拾。就算等一切收拾停当了,倪云林也再没上过这座清闷阁。

当然葛仙翁的折腾也不是白折腾的,倪云林母亲的病症,他手到病除。

这是倪云林人生中的第一次重大挫折。

三、诗画双绝

关于葛仙翁戏弄倪云林这件事,自古至今一直有着不同的说法。

有一种说法就是,这个葛仙翁不仅仅是个名医,而且是位绝代高人。他故意借这件事情来点拨倪云林,让他不要执着于事物的表面清浊。又说倪云林身有仙骨,只是蒙昧于俗世红尘,不能豁然彻悟,因而领会不到葛仙翁的用意。

这位葛仙翁是真是假,姑且存而不论。但就这个事情来说,的确是有葛仙翁借此点拨倪云林的可能,这用不着神仙或者仙骨的附会。以葛仙翁的年龄和智慧,必然久经世事。

他自然知道水至清则无鱼、人至察则无徒的道理。魏晋的门阀贵族比如夏侯玄之流就老是瞧不起门阀品第稍低的人,皇后的弟弟跟他一起吃饭,他都站起来就走,最后身死囹圄之中。

倪云林现在是家境不错,家资豪富,又有一位罩得住他的兄长,可这跟人家门阀领袖夏侯玄怎么比?

我有理由相信葛仙翁的胡闹实际上是善意的。只是多年以后,当倪云林终于豁然彻悟的时候，已经太晚了……

我们说起倪云林的种种轶事，好像倪云林的生活只不过是笑料堆积。其实并不然，公允地说，倪云林在诗画两方面的成就都足以令他青史留名。

倪云林是中国历史上最著名的画家之一，他与同时代的黄公望、王蒙、吴镇齐名，并称"元四家"。

倪云林的画在元代已经名重上层知识界。《录鬼簿续编》说他："善写山水小景，自成家，名重海内。"甚至有人把他和王维并比："诗中有画画中诗，辋川先生伯仲之。""已怜挥洒如摩诘，可忍悲歌似子昂。"

到了明代，倪云林的画被世人奉为至宝，富贵人家以有云林画作为炫耀资本。

明代著名画家董其昌尤其推崇倪云林的画，他说："倪迂画在胜国时可称逸品。昔人以逸品置神品之上，历代惟张志和、卢鸿可无愧色。宋人中米襄阳在蹊径之外，余皆从陶铸而来……独云林古淡天然，米痴后一人而已。"

清代画家王原祁评说："宋元诸家，各出机杼，惟（倪）高士一洗陈迹，空诸所有，为逸品中第一。非创为是法也，于不用工力之中，为善用工力者所莫能及，故能独臻其妙耳。"

清代乾隆皇帝说："元四大家，独云林格韵尤超，世称逸品。"

实际上，云林画已成为中国文人画的典型和最高逸品的代名词，在中国画坛上产生了极为深远的影响。

倪云林同时也是元代著名诗人，他的诗在当时和"元诗四大家"虞集、杨载、范梈、揭傒斯齐名。

杨维桢说:"元镇诗才力似腐,而风致特为近古。"

吴匏庵说:"倪高士诗能脱去元人之秾丽,而得陶柳恬澹之情。百年之下,试歌一二篇,犹堪振动林木也。"

《四库全书总目提要》指出他"诗文不屑屑苦吟,而神思散朗,意格自高,不可限以绳墨"。

倪云林虽不如"元诗四大家"名气大,但他在诗歌上的卓越成就是有目共睹的。有人用"白云流天,残雪在地"来形容他的诗风,显示其清新飘逸的格调。他和高则诚、杨维桢、高启等明代一流文人都有诗作相和。杨维桢有《访元镇不遇》诗:

霜满船篷月满天,飘零孤客不成眠。
居山久慕陶弘景,蹈海深惭鲁仲连。
万里乾坤秋似水,一窗灯火夜如年。
白头未遂终焉计,犹欠苏门二顷田。

高启的《次韵倪云林见寄二首》其二:

草满当年食客堂,一身投老寄僧床。
秋风吟怨哀兰浦,暮雨行愁苦竹冈。
任旷岂能谐薄俗?养和且为驻颜光。
酒钱十万今谁送,独嗅黄花对夕阳。

倪云林本人也有很多诗作传世。《录鬼簿续编》说倪云林所作乐府有《送行》《水仙子》二篇脍炙人口。再比如他的《人月圆·伤心莫问前朝事》：

>伤心莫问前朝事，重上越王台。鹧鸪啼处，东风草绿，残照花开。
>
>怅然孤啸，青山故国，乔木苍苔。当时明月，依依素影，何处飞来？

古人评价这首散曲"风流悲壮，南宋诸钜手为之，亦无以过"。说倪云林是一代散曲大家，一点都不为过。

倪云林同时精通书法，擅长音律。《录鬼簿续编》说他"善秦操，精音律"。精通诗书音乐本是士人的普遍追求，而倪云林独能做到精通，在诗、画、乐等领域取得很高成就，却是不多见的。

这一时期也是倪云林一生中的黄金时期。诗、画成就都已登峰造极，家境又宽裕，结交往来的尽是当世名士。对倪云林来说，于愿已足。但他的人生历程却远未结束。

四、神秘的遁世

四十岁以前,倪云林家境优越,虽始终没有出仕,政局上也清白独立。但实际上他还不算一个真正的隐士。

因为他的政治诉求尚未形成。他距离这个凡尘俗世太远,还不足以产生真正触动灵魂的感悟。但这一切在四十岁以后改变了,用《棋王》里脚卵的话说,后来兵荒马乱,"倪祖"家道败了。

倪家家业的凋零首先始于长兄倪昭奎的死亡。

倪昭奎是元朝著名道士,时人目之以神仙的人。本来就算不能长生不老,多活几年应该没有问题,倪昭奎却偏偏在家族最需要他的时候死了。

据《道藏》记载,这时候倪昭奎其实已经参悟透彻了天地万物的大道,在惠山绝顶飘然羽化登仙了。但问题是,他的死亡和继之而来的天下大乱顿时将百事不愁的倪云林残酷地抛到了纷繁的俗世之中。

天下大乱是因为各地都兴起了义军。

早先,被元朝征用的民工们在开挖河渠的时候挖出一只独眼石人像来，上边写着"莫道石人一只眼，挑动黄河天下反"。

有识之士当作世间祸乱的征兆，而以白莲教徒为核心的义军们趁势纷纷举旗起义，一时之间大大小小的燎原星火错杂分布在元朝的广阔疆土之上。元廷急调大兵征讨，但军兵们在大都承平日久，已经远远不复当时剽悍，而以朱元璋、陈友谅、张士诚、明玉珍诸人为首的义军却是精兵强将，人才鼎盛。

这时候明眼人都已看出元朝的统治即将终结，天下将在战乱和刀兵之下重新整合，而他们必须独善其身，自谋出路。

其中处境最窘迫的就是倪云林。

尽管从平民的角度说，倪云林家仍可算百足之虫死而不僵。他的兄长虽然不在了，从此失去了来自朝廷的庇护，但家业还有部分剩余，只是此地不久战乱将起。大兵一过，烧杀抢掠，多少家财恐怕都只能化成一堆尘土。

这点近在眼前的道理，倪云林还是懂的。于是他变卖家产，收拾细软，准备一生中第一次逃难了。那时候连他自己也没想到，这一逃就是整整二十年。离开故乡之后，倪云林就再也没有回去过。

好在他在富贵之时交下的那些朋友还在。

这些人能被倪云林视为雅士，引为知己，自然不至于是转面忘恩的小人。起先，他躲在乡下，继续隐居的生活。乡野间的生活他倒不以为苦，但是洁癖仍然不能消除。

舍北舍南来往少，自无人觅野夫家。
鸠鸣桑上还催种，人语烟中始焙茶。
池水云笼芳草气，井床露净碧桐花。

练衣挂石生幽梦，睡起行吟到日斜。

　　这首诗就是他此时隐居生活的一个写照。虽然相对之前深宅大院里的生活，这已经是退而求其次，然而此时毕竟还比较从容，没有人来往，自己住在乡野里。

　　焙茶行游，吟诗做梦，这是倪云林向往的宁静恬淡的生活。可他有洁癖，容不得一丝污垢。洗脸要换十几次水，衣冠拂尘向不离手，庭前花木要天天洗以至于涝死。可以想象这种过分爱惜羽毛的生活方式对他隐居生活的实质损伤。

　　他不得不泛舟于太湖之上，这里是张士诚的势力范围，元兵不能骚扰他。但张士诚的弟弟张士信听说大画家倪云林在附近出没，就把他找来，许以厚禄，令他作画。这种没有品位的事情，倪云林当然不干。

　　张士信觉得很没有面子，就吩咐人打了倪云林一顿。倪云林不合时宜的倔脾气这时候又发作出来，自始至终一声不吭。后来有人问他，他才说："不能叫，一叫就俗了！"

　　太湖也混不下去了，倪云林最后不得不隐居于古寺。

　　高明（高则诚）有"何似云林倪处士，焚香清坐澹忘忧"的句子，《云林遗事》记他老年"好僧寺，一住必旬日，篝灯木榻，萧然宴坐"。

　　倪云林也有很多诗写自己的生活：

题元璞上人壁

　　萧条江上寺，迢递白云横。

　　坐待高僧久，时闻落叶声。

　　鸱夷怀往事，张翰有余情。

> 独棹扁舟去,门前潮未生。

在异常清贫的生活条件下,倪云林终于不得不开始深入世事,体会人生甘苦、世态炎凉。

在长久的漂流生涯之中,倪云林开始潜心钻研道藏和佛典。这些曾经被他认为"俗务""小道"的宗教典籍渐渐使他的心态平静。

也正是在这段生涯之中,倪云林终于由内而外成了一位真正的隐士。现在隐居已经不再只是他的生活方式,而是和他的生命悄然融合不可分割了。

在这期间,群雄和元朝之间、群雄之间也一直在进行着激烈的战斗。元朝在诸路义军联合的攻势下节节败退,而后义军中的几支大势力开始凸显出来,朱元璋比其他群雄更显现出王者之象。

他任用文臣李善长、宋濂、刘基、胡惟庸,武将徐达、常遇春、蓝玉、李文忠等人来奠定基业,对抗元军。这些优秀的人才辅助他在数年的时间里将元军赶出元大都,追击到山海关以北,同时渐渐平定了其他义军势力,而最终取得天下,建立起大明帝国。朱元璋成为帝国的首任皇帝,庙号明太祖。

朱元璋在成就帝业的过程中也听说过倪云林的声名,登基之后曾经派专人探访过倪云林。本身朱元璋就以善于延揽奇人异士著名,他身边向来不乏铁冠道人、周颠、彭莹玉这样半仙半隐的世外高人。但已经渐渐习惯于隐居生活的倪云林委婉地拒绝了他。直到天下已经平定,倪云林也不曾用过大明洪武的年号,当然他也不可能倒行逆施去用元朝至正年号。这只是说明倪云林再也用不着年号了。

在二十年的漂泊生活里,隐士倪云林不得不入世,又终于豁然出世。他已经独立于俗世红尘之外,年号对他没有意义了。

倪云林留下诗篇借以言志:

> 白眼视俗物,清言屈时英。
> 富贵乌足道,所思垂令名。

而此前的一首小令或者更能反映他的心情。

> 草茫茫秦汉陵阙,世代兴亡,却便似月影圆缺。山人家堆案图书,当窗松桂,满地薇蕨。
> 侯门深何须刺谒,白云自可怡悦。到如今世事难说。天地间不见一个英雄,不见一个豪杰。

直到这时,他才终于悟透了当初葛仙翁的深意。

此后,倪云林就不知所终。他神秘地消失了,正如他不合时宜地来到这个世间一样。

有人传说身有仙骨的倪云林在悟通了葛仙翁的玄机之后豁然飞升而去,成为仙人。也有人说他继续四海漂泊,直到在某地默默死去。还有人坚持说倪云林只是死于一场污秽的疾病,甚至说他被朱元璋捉拿了去,迫害而死。但他的下落究竟如何,始终无法确认。这个曾经生活优裕富足的心口如一的有严重洁癖的人,起初根本不像一位隐士,但日渐现实的生活终于将他塑造成为一位成功的隐士。

他的生命结局神秘而奇妙,比任何人都更富有隐士的气质。

吴门衣冠

沈周

姑苏世家子弟
大隐隐于市
家族的传统
吴门衣冠

一、姑苏世家子弟

明孝宗弘治年间,扬州某富商重金购得一幅名画,十分得意,视之如珍宝。富商家每逢盛宴,必然拿出来遍示众人。

宾客们知道富商喜欢附庸风雅,也就每每说些顺心如意的话。

后来有一次盛会,富商又拿出来献宝,众人当然是纷纷赞赏,但这时候座中有一个青年书生,微微一笑,说道:"这画是赝品!"

满座顿时沉默无声。那富商感觉很没面子,怒道:"你是什么人,你也懂画?敢说我这幅画是赝品?老子为这幅画花了五百两银子,特意请有名的老先生看过。都说这画笔法虽然略为稚嫩,但题跋字体、署名、印信无一不真。想来是那位先生少年时的大作,后来不知什么时候翻出来,觉得不错,又加上题跋,盖上印章,这才流到我的手里,比寻常的画还要珍贵。这些掌故,你哪里知道?还敢说我的画是赝品!"

那书生也不争辩,说道:"既然如此,我说个故事好了。"

这时,座中诸宾客都已听出这书生即是姑苏口音。

想来他既指正富商重金买来的画是赝品,又不与他争论,这故事里必然有因缘,就一起凝神细听,连那富商也不例外。

只听书生说道:"且说这事屈指算来,要出在三十年前。那时姑苏城里有一位青年寒士。寒士者也,顾名思义,家里很穷。老母生病,无钱医治,经史子集也换不了饭吃。他是文弱书生,别无长技,唯有几笔山水云峦倒还略具形意,只好每天上街摆摊卖画。但诸位想,姑苏本是名士聚集之地,又有那位先生在此,寻常百姓向他求画,他从不拒绝,养得百姓眼界都高了。这寒士这几笔散画,能卖得了几个银钱?一天向晚,所获不多,而老母病势沉重,实在已等不得。这寒士没办法,只有铤而走险!

"各位莫非猜测这书生想去断路劫人?非也。他是心想,而今城里富户唯认那位先生的笔墨。事到如今,只能模仿那位先生笔法,做几幅假画,充真作卖出去,庶几还能换钱。那先生的画风笔法,姑苏城里人人尽知。那青年寒士通宵达旦,总算临出一幅画来。自己看来,倒还略有声色。但与那位先生真迹一比,就不啻天渊了。他情知瞒不过去,但老母的病情又拖不得。左右不成,抱头苦思,终于被他想出一个主意来。"

一人笑道:"莫非便是卖给淮扬何老爷?"

众宾客哄堂大笑,连那富商也笑道:"少来编排老爷,这位先生看你不出,倒会说故事。下面呢?"

那文士道:"说起这个办法,倒也亏他想了。原来他想,自己笔法虽然不足,但素来听说那位先生宅心仁厚,倘若可以求他在这幅画上题上两笔,盖上印章,便可以做真画卖了。他那时别无他路,只好硬着头皮,抱着假画,就去找那位先生。"

众人听到这时，就都已猜到那幅画就是这位盐商何老爷高价买来的这幅了。

却有人说道："这位老兄，这事情可说不过去了。那位先生何等品行高洁，现今北京城里多少大官拿了帖子去拜，想求他片纸都不可得，怎么能在赝品上题自己的字，这不是自毁名声吗？"

大家一起称是。那文士也点点头，说道："正是如此，那寒士抱着假画去找那位先生，走到他府第之前，就已经知道此举太不智。是他模仿那位先生在前，那位先生不追究他，就已经算大恩大德，怎么还会反而帮他？正犹豫之间，却正巧那位先生出门遇见。那寒士进退两难，只能硬着头皮说了。本料想此事实难成就，谁知那位先生沉吟片刻，又展开画卷看了一看，说道：'本来不宜如此，但你孝心可悯，如此年纪，笔法也看得过。也罢。随我来。'便领那青年入府，亲自将那假画添上书法印章。嘱咐他只此一次，下不为例。那少年千恩万谢，后来果然将这画卖了，换钱救了他的母亲。"

这文士故事讲完，满堂宾客都默然无语。隔了良久，才有人说道："诗画小道，纵然神助天成，也还罢了。这等人品，这等人品真使我辈读书人惭愧！"

那盐商何先生道："那么我这幅画，确是赝品？"

那文士道："确是赝品。但何老爷不须惊慌。以某所知，那位先生平生画作精品极多，赝品亦极多。但精品赝品混而为一，海内就只有何老爷手里这一幅了。这正是不世珍品，何老爷何必懊恼？"

盐商这才转悲为喜，却见那文士故事讲完，起身而去。这时才想到这典故甚是隐秘，那文士却如何知道得这等清楚，连忙问道："先生何人？"

那文士道:"区区不才,曾在沈座师下学画几年。此事是后来那寒士亲口讲与我的。晚生姑苏唐寅是也!"

他一边说,一边去了。厅堂里一片寂静。

直待那人已身影不见,才有大片声音喧哗起来:

"唐寅。唐伯虎!"

"那人是唐伯虎!"

"当世四大才子之一,竟如此交臂失之。"……

那盐商呆立在地,满脸愕然。

是时姑苏唐寅之名,早已遍播天下,唐寅性情豪放不羁,脚步遍及江南。这一日因缘际会路过扬州,恰巧参与其会,就说出这段故事来。

故事里的那位先生,便是唐伯虎少年时学画的座师,我们隐士故事这一篇的主角,明朝前中期著名隐士沈周。

沈周,字启南,号石田,长洲人氏,明朝宣德二年(1427年)生人。

他出生的时候,大明王朝已经建立六十年了。沈周的祖父叫作沈澄,是明初的著名隐士,书画俱佳。传到他伯父沈贞吉、父亲沈恒吉这一代,又融合了杜琼的山水画技巧,卓然成风。沈贞吉兄弟同样也是当世著名隐士,这样传到第三代沈周这里,沈周走上隐士之路就毫不奇怪了。

我之所以将沈周列为隐士,正是因为他独特的家族背景。家族三代均选择归隐的,在中华隐士史上也不多见。

我们之前说过,乱世多隐士,而盛世少隐士。大明王朝好不容易赶走了蒙古,平定天下,此时正该盛世,为什么隐士却层出不穷呢?

因为明朝前中期有个很邪门的现象——内斗！

这个内斗的根源从明太祖朱元璋起就已萌生。朱元璋由平民而至于皇帝，非常顾虑家族根基太浅的情况，用今天的话说就是很有危机感。

为此，他一方面大肆屠戮忠臣，开国诸将中能得善终的唯汤和一人，另一方面大举封赏亲族诸王，以便互相辅助，保全朱家天下。朱元璋的太子朱标早死，他晚年时的皇储就是朱标的儿子朱允炆。但是等到朱元璋去世之后，朱允炆的叔叔们都手握兵权，兵强马壮，不服气小侄子坐到他们的头上。

其中最具雄才大略的燕王朱棣挑起战事，攻击朱允炆，叔叔和侄子打起了架。朱棣当年在朱元璋与蒙古的战争中亲临前线，算得上一员悍将。而朱允炆年纪很轻，从未有实战经历，大将们又已经被朱元璋早杀得差不多了。尽管朱允炆手握中枢兵权，数量上和道义上都有优势，还是打不过叔叔，被朱棣攻破南京城，朱允炆则不知去向。

朱棣取得天下之后，改元永乐，这就是明代的一代明君永乐皇帝。他在位的时候，倒压得住阵脚。而他老年时，儿子们依样画葫芦起来内斗，最后还是太子朱高炽棋高一着，拔得头筹。这就是洪熙皇帝。洪熙皇帝在位日短，第二年就死了。其子朱瞻基接班，是为宣德皇帝。

沈周就是在宣德二年降生的。朱瞻基是个守成君主，人倒是不错，但是也没活多久，在位仅十一年，天下就又不太平了。他的儿子正统皇帝朱祁镇宠信宦官王振，贸然发动与少数民族瓦剌的战争，事前准备既不充分，指挥调度又杂乱无章，在土木堡之变遭遇大失败，连皇帝本人都做了俘虏。

瓦剌军趁势南下，威胁京城。兵部尚书于谦等拥立正统皇帝朱祁镇的弟弟朱祁钰即位，号称大明景泰皇帝，在北京据城死守。

后来，南方诸部援军陆续支援，把瓦剌赶回了北方。不久之后，朱祁镇又卷土重来，掀起新的纷争，兄弟继续争位，直杀得血流成河，连防守北京城的大功臣于谦本人都难以幸免。

在这种情况之下，贸然出仕显然具有相当的风险性。何况长洲沈氏虽是名门大族，但在明朝肇建之初和明太祖朱元璋起过冲突。

民间传说沈万三富可敌国，与朱元璋合建南京城墙，而沈万三负责的半座城先完工三日，因此触怒了朱元璋。

实际情况当然不是这样，沈万三其人生活时代至今仍存疑问，再加上沈万三和沈澄虽同属沈氏，但也并非直系亲属，沈家子弟从沈澄起直至沈周，始终选择隐居，是有其特殊原因和背景的。长达三代的隐居，本身也需要强大的经济能力支持，这是一般的家庭乃至家族都不能做到的。

二、大隐隐于市

沈氏家族选择隐居，但并没有避地而居。一则是因为沈氏世居姑苏，在这里根基深厚，亲朋故旧也多，所谓故土难离。二则是因为明朝宗室的内斗一般仅限于王朝中上层，整个天下还是基本保持和平态势的，也没有必要舍弃家族基业做逃难状。

姑苏自古以来就是中华名城，早在宋代就已有"上有天堂，下有苏杭"的美称，钟灵毓秀，人杰地灵。尤其经历了元朝的百年统治，儒生文士不能以经史而求富贵功名，只能退而求其次以诗文书画自我消遣。

江南一带元、明两朝的大书法家、画家就特别多。元朝四大家的籍贯基本都在江南，而这些人关系密切，经常往来，更加促进了书画艺术的交流。

沈周从少年时起，就开始潜心钻研书画技巧。他祖父的朋友大画家杜琼，原来是他父亲的老师，这时候又主动来担任沈周的启蒙老师。杜琼为人方正，德才兼备。沈周在他的教育下，不仅在诗文书画方面都打下了坚实的基础，而且养成了不骄不躁、宽厚仁义的性格。

同样是富家子弟，沈周之后的所作所为就比倪云林要低调很多。

小时候的沈周，学习异常勤奋，早早就表现出艺术方面的卓绝天赋，民间至今还流传着沈周学画的故事。

传说，沈家宅里所在的小村旁边，有条河叫清水港，北靠虞山，东临阳澄，环境清幽，景色迷人，尤其是在这里望虞山，一天之间，四季交替，其景色斑斓变化，气象万千。

小沈周被迷住了，他决心把看到的画下来，每天鸡鸣即起，一直画到太阳落山，终日不歇。祖父看他有志气，特地在河边为他搭了个茅草棚，这样即使是刮风下雨也能画了，又搬来一块大青石，让他当画板用。

就这样，他手执羊毫，对着青山写景。画好了洗掉，洗掉了再画，天长日久，把平整的青石板揩成了凹肚脐。他洗砚、洗笔的地方，水也弄得黑黢黢的，后人便把那地方称为"洗砚湾"。

清水港附近有一片由翁氏低洼地形成的湖叫"翁志荡"，沈周画画的水就是从小湖里取的。后来沈周成了大画师，这个小湖就叫作"画师湖"了。

这个故事和晋代大书法家王羲之的"笔冢""洗砚池"相映成趣。

书画之外，沈周的祖父沈澄还特意请来当地大儒陈宽来教导他诗文。

十一岁那年，沈周去都城南京游玩。

且说明朝从永乐皇帝起始终是两个都城。皇帝居住在北京紫禁城，文武大臣一起都住在北京。南京却是明太祖朱元璋亲自选定的国都，永乐皇帝朱棣亲手把侄儿赶下皇位，心中有愧，在形式上格外尊重朱元璋的其他遗训，就把南京也立为国都。南京城里除了没有皇

— 205

帝，举凡六部九卿官员应有尽有，是和北京朝廷平行的一套班子。北京与姑苏相隔遥远，但南京和苏州之间却很近。小沈周去南京玩，还恰巧碰到巡抚崔恭。

那时沈周写了一首一百个韵脚的长诗，被崔恭看到了。崔恭感觉很意外：哎呀，沈家这么小的孩子也能写这样的长诗啊？真的还是假的啊？他就想试试沈周，于是给他出了一个题目叫作《凤凰台赋》。

小沈周毫不迟疑，拿起笔来刷刷点点，便成就了一篇文章。崔恭看了之后，叹赏不已。从此人们就都知道了姑苏沈家又出了一位小才子。

到了沈周十八岁的时候，家里为他娶亲。娶亲并没有改变沈家整体隐居的现状，反而给这个平静的家族增添了几许生机和活力。娶亲之后，沈周燕尔新婚，夫妻其乐融融。过了一年，长子降生，沈家家境优裕，衣食无忧，沈周就有大量的空闲时间钻研书画技艺。这时候他的名望已经渐渐不限于姑苏，而他的眼光也已不囿于姑苏先贤，而是放眼长远，胸怀天下。

他的书法学习宋四家之一的黄庭坚，绘画造诣尤深，博采众长，出入于宋元各家，主要继承董源、巨然以及元四家黄公望、王蒙、吴镇的水墨浅绛体系。又参以南宋诸家雄健开拓的笔墨，融会贯通，刚柔并用，形成粗笔水墨的新风格。

他自成一家，技艺全面，兼工山水、花鸟，也能画人物，以山水和花鸟成就突出，功力浑朴，在师法宋元的基础上有自己的创造。人到中年之时，他的技艺已经博得了世人的瞩目。

在他安闲度日的过程中，一个以他为领袖人物的新兴画派"吴门画派"悄然形成。

三、家族的传统

在此期间,沈周始终悄然地遵循着自其祖父沈澄以来的隐逸家风。沈家不缺钱粮,也不乏声名,因此没必要刻意攀附官府。

明朝朝廷曾想征辟沈周为宫廷画师,被他婉言谢绝。终其一生,沈周步履不出吴门,在家乡深受百姓们的拥戴,朝廷中人也钦慕他为志向高洁的隐士。

且说某年有个姓曹的官员,来姑苏做太守。这个曹太守是个粗鲁无文的人,竟然从没听说过姑苏还有一个沈周的存在。

那时他修葺官衙,觉得衙门破败,有失大老爷的体统,于是传下令来,本城之内所有会画画的画工都要来太守衙门帮助画花纹。

本来这条命令虽略嫌霸道,也还无不可。问题是曹太守这公文居然也派到了沈周的头上。

沈周的朋友很愤怒。

沈周是当代画家,不是普通画工。何况他家在姑苏也是累代世家,沈周本人又名扬天下。前代的太守在姑苏时,和沈周一向以朋友之礼相交，而这位压根把沈周当奴仆。按朋友的意思，就是找个中间人向曹太守递个话，叫他收回公文。

以沈周的名声和势力，可以说这个建议并不过分，要去办理也是小事一桩。沈周十一岁的时候就认识南京巡抚了，那官衔比太守大得多。

沈周性格温和恬淡，他倒不觉得被曹太守征去干活是什么丢人的事，却说了一句名言："我是画画的，曹太守要征用画画的，我去正是分内的事，没什么可抱怨的。要是为了这个特地打通官府的关节，那才是俗！"

能说出这句话，证明沈周的内在已经是一个宠辱不惊的真正隐士了。

沈周收拾收拾东西就去了，去了之后勤勤恳恳，帮曹太守画完了就从容回家。

曹太守呢？曹太守也不知道这事，没人跟他说。沈周在乡里根基深厚，怎么也没人主动出来说句话？第一是因为大家伙不知道曹太守是什么意思，是不是故意整人。第二是沈周主动缓和，人们也不好强出头。其实曹太守还真不是故意修理沈周。

沈周帮他画完房子回家了，曹太守一点儿不知道。用流行的话说，曹太守很悲剧。这年年底，曹太守京城述职。且说这是地方官员最怕的事情，不管你这一年干得怎么样，好坏都捏在人家京官的印把子里。给你按个差评，这一年怎么辛苦都白费了，兴许就能影响一生仕途。

曹太守战战兢兢去了，吏部的官员一看，哦？姑苏太守？一边给他办手续，一边就问："你们乡里沈先生还好吧？"

曹太守当时就有点儿茫然：什么沈先生？咋没人跟我说呢？

不过这位脑子还是转得比较快，心说看人家这口风，认识沈先生只能是好事不是坏事，连忙说："啊，是啊，好着呢。"

"不错。"吏部官员一边说，"砰"地一盖印，一个好评到手。

拿了好评的官儿，还有一道程序——要见一个人。

这个人可就威风了！内阁首辅文渊阁大学士李东阳！

明朝内阁地位极高，中前期宦官也还不像晚明那么权势滔天，这位李大学士就是王朝之内除了皇帝权势最大的人。寻常情况下，曹太守这个级别的官员压根见不到他。

好不容易有一个觐见李东阳的机会，曹太守心里充满了激动和憧憬。哪知道李东阳见面第一句话不问别的，而是问："你们乡里的沈先生还好吧，他这次没上京？"

曹太守这回就快晕了。

那李东阳是什么身份？王朝内阁首辅，文渊阁大学士，这些明摆着的事实暂且不提，人家在文坛都是一代宗师，弟子徒孙遍布王朝，不说一口唾沫就能淹死曹太守吧，可也差不多远。寻常官员只要能搭上李大学士的边儿，仕途飞黄腾达也就指日可待了。

这沈先生是什么人?!怎么听起来……和李大学士很熟啊！

曹太守只能继续顺着人家的口风说："是，回禀相公，沈先生这次在乡里没上京。"

"嗯，回去吧。好生干。"李东阳随口说着，拿起一份奏折。普通太守在大学士面前就是这个地位。

他立即返回姑苏，回去之后百事不理，就主抓一件事——这位面子大极了的神秘沈先生到底是谁？

回复立即从四面八方汇集了过来：

"是我们本地的乡绅沈周。"

"沈老爷十一岁的时候就在南京和崔侍郎结成忘年之交。"

"听说京里各位大人都很仰慕我们沈先生。"

"太守问是谁啊……就上回你叫来画房子的，领头的那个就是他！"

曹太守一口血差点喷出来，当时就吓出一身冷汗。

合着这么大的名士给我画房子啊？曹某人啊曹某人，你谱摆得也忒大了吧。这是这位沈先生宅心仁厚，不跟你一般见识。他要是心胸狭窄一点儿，你这个小小的太守官位焉能保得住？！

曹太守这回算是彻底知道了沈周是什么人，整整一夜觉都没睡安生，第二天清早就赶紧跑到沈周家里来负荆请罪。当然并没有真背藤条，但对沈周的态度那是绝对一个前倨后恭。

其实，沈周本人真没在乎过这件事。他的态度，在和他朋友的话里已经很清楚了。他是一个隐士，不是土豪恶霸。尽管他明知道自己拥有相当高的社会名望，也知道这些名望能给他带来多大的财富和权力，他甚至知道以自己的名望和才智，投身官场之后会有怎样的前途，但这一切沈周都淡然处之，如同清风拂面，毫不萦怀。

这才是真正大名士的气度，也是沈周最后得以开创并领袖吴门画派的根源。吴门画派之中包含唐伯虎这样的狂生，也包含文征明这样的痴人。可以说以这二位目中无人的脾气，整个大明王朝想找个把能镇住他们的人都难，但沈周就能。

沈周之所以能镇住他们，也并不是因为才学比他们大，功力比他们深厚。尽管沈周年纪的确远比他们大，但唐伯虎那狂性一发作，五百年内都敢一笔抹倒。然而,唐伯虎见了沈周那是规规矩矩,不叫坐不敢坐,不叫行不敢行。唐伯虎惧怕沈周的,就是他那份仁者无敌的气度!唐伯虎可以在沈周门下学得画艺,但这份气度,他一生始终没能学来。

四、吴门衣冠

中晚年的时候,沈周始终致力于吴门画派的经营。

那时候经历了漫长而闲适的隐居时光之后,沈周的祖父、伯父、父亲都已相继谢世,只有其母尚在。

沈周性情至孝,而且他矢志不愿出仕。尽管声名越来越大,连历任江南巡抚上任伊始都必先来拜访沈周,但他仍然推说老母尚在,不敢远游,不能出仕,继而继续保持着隐居的生活状态。

顺便说一句,沈周的老母亲果真不负众望,掩护了儿子终生,一直活到九十九岁才安然离世,那时候沈周本人都已经年过八十了。或者是恬淡豁达的心境和始终富足的生活给了他们异常的长寿吧。

历代隐士之中,生平从未被生计所苦的人少之又少。不在乎生活来源,从来也没缺过钱粮的,我们这本小书里之前提到的也就是嵇康、孟浩然等少数几个官宦或世家子弟,而沈周他家是一隐隐了三代,这在门阀豪族势力终结之后几乎绝无仅有。

至于吴门画派,这一派其实只是个约定俗成的名称,并不像武侠小说一样开宗立派，有着明确的师承和长幼尊卑次序。

历代的诗派文宗基本都是这样，没有硬性的约束，只有公认的权威。在后世称为吴门画派的这一批人里，沈周显然就是公认的权威。

不但如此，明代有四位公认的大画家：沈周、唐寅、文征明和仇英，这四个人里也以沈周为首。而唐寅还是沈周的学生。唐寅拜沈周为师学艺，是绘画史里的一桩佳话，同时也是一段趣闻。

且说唐寅生于寅年寅月寅时，所以取名叫寅。地支寅属虎，所以字叫伯虎。后人也习惯叫他唐伯虎。

唐伯虎小的时候，才智超群。他是中国历史上少有的几个小神童之一。

这样聪明的孩子，一般老师也教不了啊。用不了几年，附近那些教书先生的本事就都被唐伯虎学全了。后来实在无计可施，唐伯虎的母亲只好问他："伯虎啊，你想学什么啊？"

"娘，我想学画画！"

"行。咱们啊，要拜就拜尊神。这回要跟就跟着最有名的大画家学。"

姑苏最有名的大画家是谁呢？当然是沈周先生啦。

"伯虎啊，你愿意跟他学吗？"

"那当然愿意了！"小唐伯虎求之不得。说起来小孩子多多少少都有一点儿崇拜老师的心理。小唐伯虎早就暗地里把沈周当成自己的老师崇拜了，听说可以跟他学画，简直太高兴了。

沈周呢？沈周也喜欢教。

他一身技艺就是博采众长而来，当然盼望能把它传承下去。现在看到小唐伯虎聪明伶俐，对他的印象也很好。就这样师徒一见如故。

唐伯虎从此就跟着沈周学画了。沈家家产颇富，交游广大，鼎盛的时候来拜访沈周的游船首尾相连，日夜不断，多唐伯虎一个人吃饭也不是问题。

小唐伯虎天资超群，是个很好的学生。沈周性格温和，循循善诱，不管怎么样也不着急，天生的一个好老师。两个人一相见，正如蛟龙遇到风雨一般，小唐伯虎的画技突飞猛进，青云直上。

可是时间一久，问题就出来了。

小唐伯虎天天看沈周的画作，连看了几年也有点儿烦了。何况沈周态度虽然温和，指导起小唐伯虎来还是很严厉的。大山大水之类弛情逸性的东西一概不准画，老老实实从基本技法开始。画大石头。

小唐伯虎左一块石头，右一块石头，到最后都快吐了，心说沈先生枉自这么大的名声，原来也就这点儿本事啊。成天到晚画石头有个什么意思呢？看来我是又把一位先生的本事学全啦。我啊，该撤就撤吧。

小唐伯虎想溜。

他跟沈周委婉地表明了这个意思，沈周也没拒绝，不过叫唐伯虎等几天再说。过了几天，唐伯虎又去找沈周，沈周说："行啊，你走可以。为师我是没什么可教你的了。不过有一点，为师家里好歹还有些田园亭台。你跟了我几年，始终潜心学画，这些地方竟然都没有游玩过。现在你要走了，就补一补这遗憾吧。为师亲自领你在这园中游玩一番。"

唐伯虎自然乐意。说起来沈周的花园那可是沈家三代数十年来的力作，融汇了沈家每一位书画家的大量心血。慕名前来游玩的宾客一年到头不绝如缕，跟着沈周学了几年画，竟还没游玩过花园，的确遗憾。

正好这一天没有宾客,就师徒俩人。江南的园林贵在用心,求雅不求广大,所以溜溜达达一圈也就快走完了,只有前面孤零零一间小屋子还没有逛过。

沈周说:"伯虎啊,你先在这等会儿,为师我去唤人来弄点儿茶食。"就把唐伯虎一人留那儿了。

唐伯虎那性格,好动不好静,一看师父老也不来,不耐烦自己就先进那小屋去了。

一进小屋,唐伯虎就一愣。

怎么呢?这屋四个方向有四个门。再仔细一看,咦,这门窗之间映出来的山水秀丽、花鸟灿烂,在园子里怎么都没见过?

这是哪儿啊?难道说师父这座小花园里还内有乾坤吗?

唐伯虎一边好奇,一边就伸手去推一扇门。

没推动!

再试试旁边一扇,还是没推动。

再仔细一看,这哪是什么门啊,分明是画出来的画。

唐伯虎顿时面红耳赤,他聪明绝顶,这时当然已经明白了这是老师沈周在点悟他呢。自己的画艺跟老师比差得远。

此后,唐伯虎都衷心钦服沈周。

在沈周的教导下,唐伯虎的技艺百尺竿头更进一步,逐渐成为可以自成一派的宗师级大画家,某些地方最后真有青出于蓝胜于蓝之势。

"明四家"之中,唐寅是沈周弟子,文征明也对沈周执弟子礼。而沈周尽心教导,终于将两人教导成可以与自己齐名的大画家,足以见证沈周的为人是何等磊落豁达。

作为隐士的沈周，即使改行当教育家，成就也是可圈可点。

在他晚年之时，以他为发端，其门人文征明接班，合唐寅、仇英为一局，竖起吴门画派旗帜，广学"唐宋名流及胜国诸贤，上下千载，纵横百辈"，皆"兼总条贯，莫不揽其精微"，成就之显著，在明朝中叶画坛奇峰独立，影响所及，百年之下尚有余晖。

而沈周也终于走到了生命的最后一刻。

终年八十二岁的沈周是明朝或许也是整个中华隐士史中最后一个从容不迫的大隐士。

他逝世时正值明朝正德年间，大明王朝繁荣富足的表象下隐忧正丝丝而生。围绕着皇权的归属，宦官、内阁以及清流即将展开规模浩大持续良久的残酷党争，而这个党争将最终毁灭整个王朝。

作为一名隐士，沈周是幸运的，甚至是传奇的。

历代隐士之中很少有人比他的一生更加顺利。沈周家世豪富，生活在相对平稳的年代，得享长寿，为人性格温厚，与人无争。他的一生之中几乎与外界没有产生任何尖锐矛盾，简直就像一个隐士的标准模板，或者命运之神故意要在这个乱象尚未萌生的时代放置一个沈周，以作为隐士们的理想依托。而这也唯有沈周足以担负。

大明正德四年（1509年），沈周安然辞世。在此之后，隐士们再也无法独善其身。

孤傲的斗士 李贽

理学和心法

弃官归隐

礼教公敌

悲壮的死亡

一、理学和心法

写到沈周死亡的时候，我说中国的隐士们此后再也无法独善其身，现在立即给出一个证明。

本篇所要讲述的主人公和沈周同处于明朝而年代略晚。沈周逝世之后十八年，本篇的主角李贽刚刚出生。

而李贽的人生极其坎坷，他的隐士之路要到晚年方始确定。在这几十年的历史跨度里，大明王朝的上层政体发生了极其剧烈的变化。

说来令人难以想象的是，即将搅乱整个王朝的根本冲突竟然是哲学问题，具体来说都属于儒学内部问题。

敌对的一方是南宋理学宗师朱熹，另一方则是明朝自己的大哲学家，经过彻底的思辨之后抛弃了理学独创心学的人，他的名字叫王阳明。

朱熹和王阳明可以说代表了儒学实用性的两个极端，因此其思想厮杀得格外激烈，水火不容。

原本朱熹的理学已经传承三百年，先入为主，其根本思想早已深入儒林士子内心，但实际上却没有这么简单。

王阳明是有明一代不出世的杰出人物，一生兼资文武，出将入相，影响深远，甚至台湾还命名了一座"阳明山"。《明朝那些事儿》一书更直接推他为大明第一牛人。

心学初肇时信徒极少，声势极弱，发展极难。然而不可思议的是初代心学信徒却个个都混得很好，这门学问才像星火燎原一样发展起来，在短短数年之内遍布黄河南北大江两岸，与理学分庭抗礼。两门思想的直接对抗，令许多本属无足轻重的小事迅速上升为哲学上不可逃避的问题，进而影响整个王朝。以东林党人为首的清流们尤其以此为拿手好戏。就在这样的大环境下，本文的主角李贽出场了。

毋庸置疑，李贽首先是一位哲学家，而且隶属于新生力量王阳明的心学派。心学一派从开创至今虽然精英辈出，然而从李贽起才真正拥有了自己的斗士。李贽的学说宗于心学，又不限于心学，这也是他后来悲剧下场的一个预兆。

李贽认为，儒学被朱熹等人演化为理学之后，历经三百余年而无再变。理学开创者朱熹本人被敬称为朱子，理学也在结合了科举制度之后唯我独尊，其实乃是产生社会虚伪和一切罪恶的根源。

李贽对史书上一些历史人物的定评不屑一顾，大笔一挥，自己给历代人物重新定位，这些思想都可散见于他的各种著作。与此同时，李贽还建立起了自己的一套理论。

他将王阳明的"心即理""致良知"的体认感知方法发展为人的本体论，即从心理解剖入手，探讨人的本性的秘密，回答人是什么和应该怎样的问题。

结论与理学的禁欲主义背道而驰，却与西方近代尊重个性、肯定人欲的人文主义思想颇为接近。比如他的童心说，说白了就是指人本质的原初表现，没有理学熏染的孩童之心，也就是私心。

  夫私者，人之心也。人必有私，而后其心乃见。若无私，则无心矣。

  私心包括两个内涵：个性、个性的独立自由；人的生存需求、欲望之心。一个是精神的，一个是物质的。

  穿衣吃饭，即是人伦物理；除却穿衣吃饭，无伦物矣。

  既然穿衣吃饭都是人伦物理，都是人的天性，那么求生计的商贾和耕田的农夫、做官的官吏一样也没有什么贵贱之分。

  相同的，男女之事是私事，也是人之常情。男子见了女子，喜悦相思，乃至逾墙而约；女子见了心上郎君，便要私奔，都是自然而然，无须大惊小怪。

  以这种观点反观孔孟之学，无不是虚伪骗人的东西。李贽说他们是"阳为道学，阴为富贵，被服儒雅，行若狗彘然也"，意思就是穿着人的衣服却做猪狗不如的事情。

  既然童心是私心，肯定童心就是肯定私心，那就必然要尊重个体，张扬个性。若张扬个性，就要摆脱束缚，反对奴役。于是，他又提出了"不属人管""不庇于人""自然而然"等一套明心见性的理论来。

  庄子"不为物役"的自由精神，到了李贽这里又大放光芒。隐逸文化呈现了新的面貌。

李贽的这些排炮一样的新鲜思潮一时间打得理学阵营措手不及，压根不能组织起有效的还击，心学阵营由此大占上风。

人们在欢庆胜利之时，也不约而同地将目光都投注在李贽身上，好奇这个勇猛的人是怎样以一己之力扭转战局。

而这时的李贽本身不过只是王朝的一名中低级官吏，在官场上默默无闻。

二、弃官归隐

李贽,原名林载贽,出生于福建泉州声名显赫的商人世家林氏家族。李贽的祖上五人都是从事海贸易的商人,或"扬帆海外诸国",或"航吴泛越"。

五世祖林琛,曾身兼三职,既是来往于琉球的商人、传译,又"蒙恩钦赐冠带荣身",属于有品级的官员。当时威行海上,荣耀一时。只是从李贽祖父那辈起,家道就已缓缓衰落,到了李贽出生之时,曾经金紫煊赫的福建林家,落到了只能靠贩运杂货、买卖鱼米等小生意勉强自给的地步。

海上商人的眼界,自比内陆之人开阔,观念也开放自由许多。因此,在林家的世系中,总会出一些异乎寻常之人,做出一些离经叛道之事,而这些事在世俗的眼中常常是伤风败俗、数典忘祖的极不光彩的勾当。

李贽的二世祖林驽就是这样一个人。

这个林驽从小志向远大,但是性情古怪,二十几岁的人了,还没有娶亲。父母忧心忡忡，而他却好像毫不介怀，落得个自由自在。有一年，林驽奉命，"发舶西洋"，到西域去做生意。

其实海上航行他是再熟悉不过的，以前经常跟随父亲往来于海上，只是此次出海是奉命独往，不免有些兴奋。

到了波斯之后，受到当地人隆重的欢迎。机缘巧合，他在这里遇到了自己的意中人，这是一个婀娜多姿、艳丽多情的波斯少女，他对这个波斯美人一见倾心，决定将其娶回家。

在明朝，按照汉人的传统习俗，要娶一个西洋女人意味着什么，林驽心里很清楚。但是这对他来说并不算什么，他生来似乎就是为了离经叛道的。

不但如此，要娶回波斯少女，他还必须改变自己的宗教信仰，"受戒于清净寺教门，号顺天之民"。这样，等他将波斯少女带回家之后，这件事情立刻像一颗炸弹，在林家、在整个泉州爆炸了。事情所掀起的惊天巨浪可想而知，林驽陷入了众叛亲离的孤立境地。

直到后代人写家谱，还毫不留情地这样评论其祖宗：

> 迷于色目人之俗而不悟，不祖其祖，而祖人之祖，不行其行，而行夷狄之行，俾其子孙胥而为夷。

信仰孔学儒教的林家自此改变了信仰，笃信起伊斯兰教来：

> 吾宗七世以上犹葬用椁，其祖谐此乎？

李贽也继承了祖上这一信仰，他曾写下遗嘱，嘱托后人，待他死后:"头照旧安枕,而加一白布中单,总盖上下,用裹脚布廿字,交缠其上。"

这件事使泉州赫赫扬扬的林家横生裂痕。林家后来分为林、李两家,可能就是因为这个:

> 然而肇分林李之派,其隙亦开于此矣。

从李贽的身上,我们可以看到其祖林驽的影子。

李贽血管里流淌着祖上大胆叛逆的血液,因此才能在后来的朝廷官场士林之中战斗不屈,搅起足以撼动王朝基础的怒涛。

李贽少年时期读书博而不专,父亲对其要求也不甚严,这和他母亲过早去世有很大关系。

幼年缺少母爱,很早就不得不靠自己的力量立身存世,他自称六岁时"便能自立"了。

李贽的父亲酷爱诗文,七岁时,李贽便随着父亲学习读书作诗,修习礼义文章。

十二岁的时候,读《论语》"樊迟问稼",而后写了篇习作《老农老圃论》,"论成,遂为同学所称"。

李贽十四岁读《尚书》,犹好《周易》,"岁取《易》读之"。可见他少年时读书务于广博,并没有按部就班,所以并不系统。即使这种近乎随心所欲的学业也没连续下去,大概到二十岁就中止了。

不可回避的理由是家庭生活越来越拮据,难以糊口。

李贽的父亲文不文,商不商,不善经营,以致家境一日不如一日。二十岁的李贽"糊口四方,靡日不逐时事奔走,方在事中犹如聋哑，全不省视之矣"。

李贽决定弃商从政，于是参加科举。

明代科考的内容主要就是朱熹传注的"四书五经"，所谓"替往圣立言"。很显然李贽对此不感兴趣。

他对朱熹的腐朽和专横非常反感，几次想放弃。

后来，他想了一个好主意——一条捷径，既不费力，又能达到目的的捷径。他说："此直戏耳！但剿窃得滥目足矣！主司岂一一能通孔圣精蕴者耶！"

李贽遂"取时文""日诵数篇"，不究义理，死记硬背，竟然中了举人，真是侥幸得很。后来家人劝他再考进士，他说："吾此幸不可再侥也！"从此他再也没有参加任何一次科举。

嘉靖三十五年（1556年），李贽三十岁，为了一家人的生存问题，他不得不远去河南共城担任教谕之职。

人到中年的李贽抛家舍业，不能为父母尽孝，内心充满着难言的矛盾和痛苦。从三十岁到五十四岁，为了生计，他先后到共城、南京、北京、云南姚安等地做官二十多年。

在任姚安知府之前的二十年里，他对理学一直抱有反感，不肯就学。有人劝诫他，问他："公怖死乎？"

李贽说："死安得不怖？"

"公既怖死，何不学道？学道所以免生死也。"

李贽说："有是哉？"

于是潜心理学经典注疏，久之有所感悟，逐渐领会了理学的精华与要害所在。

李贽通道学，又超然于道学之上，他自己评价中晚年成就时说，我五十岁前尊孔子，不过是"所谓矮子观场，随人作妍媸，和声而已。是余五十以前真一犬也，因前犬吠形，亦随而吠之，若问以吠声之故，正好哑然自笑也已"。五十以后，"大衰欲死，因得友朋劝诲，翻阅贝经。幸于生死之原，窥见斑点，乃复研穷《学》《庸》要旨，知其宗贯"。

那时离其隐居的时间，仅仅三年。李贽的隐居是其思想体系建立起来，通透世事后的必然选择。

李贽做官的二十四年，是痛苦的二十四年。可以说李贽二十四年的做官史，就是其家庭二十四年的灾难史。他为官非但没给家庭带来实际的收入和幸福，反而弄得家庭破碎，亲情难顾。

他的老父亲和家眷都在老家泉州，他却跑到河南一个偏僻的小县城当一个微不足道的小官。这两地之间距离太遥远了，远在南海边的家人翘首企盼，希望他能够回家省亲一趟。

五年之后，省亲仍没有成行，他反而去了离家更遥远的京城。父亲没有等到与他见面的那一天，便离开了这个世界。

从北京匆匆奔丧赶回的李贽，经受不住这样的打击，在父亲墓旁守制三年之后，为防止这样的悲剧发生在孩子身上，于是他携妻带子一起去往京城，继续担任国子监博士。

然而，悲剧还是宿命一般发生了。

他们刚刚进京，旅途上的灰尘还没有掸尽，他的二儿子就因为长途跋涉、饥渴劳顿而死掉了。

紧接着又是他祖父去世的消息传来，他不得不再次整理行装返回泉州。考虑再三，他决定将夫人和三个女儿安置在河南共城，他在这个曾做了五年教谕的地方买了田产，好让其耕田度日。

将这些安置好之后，李贽便又匆匆南下，又是守制三年。三年后，李贽返回共城，家中的境况简直要让他疯掉——两个小女儿先后在灾荒饥饿中死去，只有大女儿过惯了艰难的日子，吃秤糠勉强维持着生命，好歹活了下来。

李贽只好又把家眷带到了北京，他做了礼部司务的官差，然后又到南京做刑部员外郎七年，最后出任云南姚安知府。随着他的职位高升，当妻子儿女感到终于有出头之日的时候，他却突然又去做了和尚。

颠沛流离的生活经历和悲惨辛酸的家庭不幸并没有改变李贽乖张狂逸的脾性，相反，这种生活的磨砺使这种脾性更加强化了——不论是生活中的怪癖还是精神上的张狂。

李贽生性有洁癖，不过隐士中有洁癖的人并不罕见。我们说过的倪云林就是其中之一。李贽爱洁净的程度不在他之下。据说他在芝佛堂剃发也是因为洁癖引起的。因为头痒，就得梳洗，而梳洗又太麻烦，于是干脆将头发剃光，既去痒，又保持了清洁。

李贽从万历九年（1581年）到万历三十年，隐居二十一年。正式隐居时五十二岁，其前正做云南姚安知府。这个位置，对于举人出身的人来说已算是高位，他在姚安的政绩也相当出色——奇怪的是，许多清流党人在地方上的政绩都很出色——临走时，"士民遮道相送，车马不能前行"，场面相当感人。

三年任满之后，本来可以升官的，但他却对继续做官没什么兴趣。他知道自己不是做官的材料，在去姚安前，就做好了离官归隐的准备，并且和好友耿定理商量好，任满三年，就来耿家居住。果然，三年后，他就携带家眷住到耿家来了，一住就是四年。

耿的思想性情和李贽相投，两人甚是投缘。这四年，李贽主要从事两件事：教授耿家子弟，读书著述。只是耿定理的哥哥耿定向和李贽不合，在教育孩子的事情上多有冲突。李贽后半生的悲剧，就和这个耿定向缠杂不清。

万历十二年（1584年），耿定理病逝。第二年，李贽被耿定向赶出门，搬到麻城龙湖寺院芝佛院。这一年李贽过得焦头烂额，失去好友的打击不算，自己一大家子的生活也成了问题。

他只好到寺院里去谋生，但是到寺院居住不可能拖家带口，只好狠心将家里人全都打发回老家去。又过了四年，李贽居然剃发出家了。

李贽为什么要出家？他自己的解释是这样的：

> 所以落发者，则因家中闲杂人等时时望我归去，又时时不远千里来迫我，以俗事强我，故我剃发以示不归，俗事亦决然不肯与理也。又此间无见识人多以异端目我，故我遂为异端，以成彼竖子之名。兼此数者，陡然去发，非其心也。

《焚书》问世以后，在舆论界引起轩然大波，他遭遇的第一个劲敌就是耿定向。

耿定向写了一篇文章，号召弟子围攻李贽。后来又策划了"驱李"事件，恨不得将李贽置于死地。对学术近乎执迷的人就是这样，宁可殒身以护。

当然，李贽的势力远远不及在此地根基深厚的耿定向，他在麻城待不下去了。

好在李贽也有自己的信徒，到处有人接他过去居住，一会儿武昌，一会儿山西沁水，一会儿大同，一会儿南京，最后去了通州。

李贽孤独一身，四处漂泊，访朋友，求知己，苦其身，乐其道。环境虽恶，心内宁静，俗事不用于心。

他在一篇文章中这样说：

> 平生所贵者无事，而所不避者多事。贵无事，故辞官辞家，避地避世，孤孤独独，穷卧山谷也。不避多事，故宁义而饿，不肯苟饱，宁屈而死，不肯幸生。

可以说直到这时，作为隐士的李贽才真正成型。而他所处的是一个哲学论辩精神最为强烈的时代，这也导致李贽这个隐士性质奇特，前无古人后无来者，以至于在我们这本书里甚至难以找到相似的范例。

三、礼教公敌

同样身为隐士,李贽对隐士也有着自己的研究。

他在自己最得意的著作《藏书》中,特为隐士留出篇幅,称隐士为"外臣",专辟"外臣传"。他将隐士分为"时隐""身隐""心隐""吏隐"四类。这个说法未必准确,这本书所列隐士也不是按此来排,然而毕竟独辟蹊径,值得我们认真借鉴。

他认为"邦无道则隐"的时隐,稍有志的人都可以做到,不足为奇。"以隐为事,不论时世"的身隐,又分几等:"有懒散不耐烦,不能事生产作业,而其势不得不隐者""有志在长林丰草,恶嚣耽寂而隐者",此类都不足为奇。他所赞赏的是"志在神仙,愿弃人世"的陶弘景式,"身游物外,心切救民"的鲁仲连式,"志趣超绝,不屈一人之下"的庄周式。他认为,身心具隐的心隐又在身隐之上。

四种隐士中,李贽最赞赏的居然是吏隐,这也是他见解不与常人一样的地方。他说:"嗟夫!大隐居朝市,东方生其人也!彼阮公虽大,犹有逃名之累,尚未离乎隐之迹也。"

吏隐毕竟不是隐士的正宗，毕竟与"不为物役"的精神境界大异其趣。但吏隐似乎必比身隐和心隐的境界更高一等，因为他连隐居的形式感都省略了，不必拘泥于山林石泉，随处都可隐而藏之，更何况为一小吏呢？李贽认为自己就是典型的"吏隐"："吾迹其终之所就，又安得不谓之吏隐乎？"

李贽住在芝佛院，常与侍者谈论出家的事情。他说：

> 世间有三等人宜出家。其一如庄周、梅福之徒，以生为我梏，形为我辱，智为我毒，灼然见身世如赘疣，然不得不弃官隐者，一也。其一如严光、阮籍、陈抟、邵雍之徒，苟不得比于傅说之遇高宗，太公之遇文王，管仲之遇桓公，孔明之遇先主，则宁隐毋出，亦其一也。又其一者，陶渊明是也。亦爱富贵，亦苦贫穷。苦贫穷，故以乞食为耻，而曰叩门拙言辞。爱富贵，故求为彭泽令，然无奈其不肯折腰何，是以八十日，便赋归去也。此又其一也。

那么，李贽自己属于哪一类呢？

凡是真正了解李贽的人，都不难体认李贽临终前讲"七十老翁何所求"这句话的隐衷。

他的死"不知于世人"，他一生的思想学行同样是"超出于千万劫之世人"的。

作为一名启蒙思想家，他的一生正是要"手辟鸿蒙破混茫，浪翻古今是非场"；他的死，同样是为了成就人生的历史使命。

推崇他的人，称颂他是当世的"圣人"，异域来华的利玛窦则称他是"中国人中罕见的典例"。

总之,李贽的一生,"求之近世,绝罕其俦"。在"如今男子知多少,尽道高官即是仙"的时代,天下士子无不为能一朝踏进官僚阶层的幸福之门而皓首穷经,而李贽却有官弃官、有家弃家,自悔"五十以前真一犬也"的读书仕进生涯。

在天下人皆以卫道为己任,扛着圣教的招牌文其伪、售其奸、谋其私的时代,李贽却公然背叛千年相延的封建道统和花样翻新的造神运动,"开古今未开之眼,开古今未开之口""摅贤圣之肾肠,寒伪学之心胆"。当道贤哲坚信不疑"天不生仲尼,万古如长夜",而李贽则说"道无绝续,人具只眼",提倡"自然真道学",主张一切"条教禁约皆不必用",呼唤人的理性自觉和自由发展,培植多元文化心态。

官场和文坛充满了假人、假事和假文,乃至举人、进士的头衔也无不有假,大家行不顾言、言不顾行,阳为谦恭而实为谄媚,雍容揖让而暗伏杀机,"局琐取容,埋头顾影,窃取圣人之名,以自盖其贪位固宠之私"。又是李贽敢于揭破世相,识其真机,向被愚弄被蒙蔽的百姓们指出,"儒者不可以治天下国家""君子之尤能误国也",主张"各遂千万人之欲",高呼"在庶人可言贵,在侯王可言贱",强调利在百姓的社会功利和人格平等的道德氛围。

在"逢人只说三分话,未可全抛一片心"的格言盛行的官场,孟子关于"为政不难,不得罪于巨室"的遗训实际上成为各级官府的施政原则,致使许多善良的人为迁就这样一个以假为荣的社会而扭曲灵魂的时代,还是李贽公然对抗"千古有君臣、无朋友""天下尽市道之交"的社会,一生"以友朋为性命",痛斥"今之从政者,只是一个无耻",毅然站出来为得民心而不得官心的何心隐、海瑞等人鸣不平。

道学家视女人为祸水，以禁欲为高尚，暗地里却妻妾成群，过着"眼中有妓、心中无妓""笑拥如花歌落梅"的生活，仍是李贽在尊重"真情"和人格尊严的基础上，鼓吹"大道不分男女"，写出惊世骇俗的《答以女人学道为见短书》的千古宏文，与"女子其身而男子其见"的相知者谈学论道，提倡妇女追求个人幸福和基于真情的男女社会交往。

正因为李贽以纯真的"童心"看那污浊的世界，以犀利的笔锋"掊击道学，挟摘情伪"，才使"胥天下之为伪学者莫不胆张心动，恶其害己，于是咸以为妖为幻，噪而逐之"。

李贽与当时的社会发生尖锐的冲突，不但道学家疾其叛道，同仁者不满其"多怪少可"，连方外人士也恶其超逸内典，乃至他"真像是与千百万人为敌"，弄得"世皆欲杀身殂狱"，不为天下人所容。

李贽自己说："大概读书食禄之家意见皆同。以余所见质之，不以为狂，则以为可杀也。"

"通身是胆通身识"的李贽，一生知音难觅，最后只能"死于不知己者以泄怒""蒙利益于不知我者，得荣死诏狱"，以这种方式"成就此生"，向世人表白自己的"不见知己之恨"。所以李贽这个隐士的定位与其他隐士不同。

就他个人，自然认为自己理当属于境界最高的"吏隐"，但从旁观者的角度来说，他实际上是隐士里的异类。

一般隐士都是政治诉求不能实现退而隐居，但李贽的隐居却是因为政治诉求太过广泛而强烈，以其天下时局根本不可能实现。就此而言，李贽实际上是在精神上将自己主动放逐了。

起初，他是心学与理学争斗中的大将，"疆场"十荡十决，勇不可当。但当他的思想继续发扬开去，则不但是旧敌理学中人，而且连昔日的同盟、心学的传承者们也已不得不视他为敌。

在李贽暮年漂泊成为隐士的同时，他也成了心学和理学的礼教公敌。

严格地说，李贽不是死于封建统治者之手，因为张问达等人很难充当"封建统治阶级"的代表。他们也都是因死于封建道德法庭的审判，而被当世誉为贤人君子、清流善类的。

东林党人尚学行、重气节，在朝野往往能代表新兴市民阶层的政治经济利益，与阉党和皇权相抗衡，历来受人敬仰。按理说他们当视李贽为同道，甚至视其为思想领袖，怎么会迫害在意识形态领域里充当社会进步的前驱先路的思想家呢？

或曰，东林有"君子"也有"小人"。可是迫害李贽最狠最迅速的恰恰是东林党人中的"君子"。

万历二十八年（1600年）在湖广驱逐李贽并指派地痞烧毁李贽埋骨之塔的是冯应京，他在湖广有政声，被东林党引为同道，只因为早死而未能荣登"东林党人榜"。万历三十年（1602年）告发李贽并纠拿治罪的是东林党人张问达。在李贽被捕后，落井下石、建议万历皇帝将李贽治罪并发动一场清算李贽思想运动的是东林党人冯琦。东林党领袖顾宪成谴责李贽"是人之非、非人之是"，至令天下"学术涂炭"。

张问达告发李贽的疏文引用了大量耸人听闻的谣言和污蔑、不实之词，"攻乎异端"的措辞和手法虽在其生前身后并非鲜见，然而其力道的强劲和影响的深远却使得后世研究李贽的人难以回避。这里不能不大体引用：

（李贽）壮岁为官，晚年削发，近又刻《藏书》《焚书》《卓吾大德》等书，流行海内，惑乱人心。

以吕不韦、李园为智谋，以李斯为才力，以冯道为吏隐，以卓文君为善择佳偶，以司马光论桑弘羊欺武帝为可笑，以秦始皇为千古一帝，以孔子之是非为不足据。狂诞悖戾，未易枚举，大都刺谬不经，不可不毁者也！尤可恨者，寄居麻城，肆行不简，与无良辈游于庵院，挟妓女白昼同浴，勾引士人妻女入庵讲法，至有携衾枕而宿庵观者，一境如狂。又作《观音问》一书，所谓"观音"者，皆士人妻女也。后生小子，喜其猖狂放肆，相率煽惑。

至于明劫人财、强搂人妇，同于禽兽而不之恤。迩来缙绅士大夫亦有诵咒念佛，奉僧膜拜，手持数珠，以为律戒，室悬妙像，以为皈依，不知遵孔子家法，而溺意于禅教沙门者，往往出矣。近闻贽且移至通州。通州距都下仅四十里，倘一入都门，招致蛊惑，又为麻城之续。望敕礼部檄行通州地方官，将李贽解发原籍治罪。仍檄行两畿及各布政司将贽刊行诸书，并搜简其家未刻者，尽行烧毁，毋令贻祸后生，世道幸甚。

这篇奏折的目的很明确，重点也很突出。

东林党人多年以来在庙堂之上与人攻讦论战，对如何迅速有效地击倒敌手经验丰富。他们深知要击倒一个人，最重要的并不是在理论上全面将其击溃，而是退而求其次攻击他的本体，尤其是从道德入手。所谓"皮之不存，毛将焉附"。一旦将敌手从道德上抹黑成小人或者贼子，即使敌手口吐圣贤之言也难逃失败的命运。

这篇奏折里一句不谈李贽哲学的主要方面，而是大花笔墨渲染李贽怎样淫邪，怎样勾搭士人妻女，怎样挟妓女、淫尼姑……总而言之，李贽这个人就是个贼心不死的老色狼！这种人的嘴里，还能有什么好话？

不得不说这种招数虽然极其龌龊，却也十分有效。

是什么原因促使东林党人必欲置李贽于死地而后快？是李贽与东林党有不共戴天之仇吗？不是。李贽在东林党中不乏朋友，他的朋友也支持东林党人。张问达等人即使与李贽有过节，也不会以个人恩仇的名义陷害异端，自毁"君子"之名。

唯一的原因是，"以天下名教之是非为己任"的东林党人把晚明"非名教所能羁络"的社会风气归罪于李贽的学说。

沈瓒《近事丛残》说，李贽的学说"以解脱直截为宗，少年高旷豪举之士多乐慕之，后学如狂。不但儒教溃防，而释宗绳检，亦多所清弃"。

这还得了？儒教是东林安身立命的招牌和门面，李贽的学说敢于翻其是非，揭其真相，发其隐私，触其痛处，自然要遭到他们清算。李贽有一句话，不见于他的著作，却被东林领袖顾宪成在个人日记《小心斋札记》中私下摘录保存了下来：

> 李贽曰："与其死于假道学之手，宁死于妇人之手。"卓吾平日议论，往往能杀人，此语却能活人。吾不得以其人而废之。

而心口不贰、正道直行的李贽，则只有义无反顾地走上荣死诏狱的道路，死在道学家之手。

四、悲壮的死亡

明万历三十年（1602年）的一天，遭人构陷，囚居在北京监狱里的李贽让狱卒给他剃光头发，然后他用剃刀割破了自己的喉咙。

气息奄奄中，狱卒问他"痛否"，李贽用手指蘸着自己脖子上的血在地上写："不痛。"

狱卒又问："为何自杀呢？"

李贽又写："七十老翁何所求？"

第二天夜里，李贽血尽气绝，黯然辞世。

晚明最勇猛的斗士终于停止了战斗。

回顾李贽一生，从他正式发出声音为世人所知起，他就几乎一直在不停地跟各种各样的人论辩。而越论辩下去，同盟越少。终于只剩七旬老翁孤身一人，茕茕孑立，形影相吊。

或许令他的灵魂唯一感到欣慰的是：这场大辩论最终不但吞噬了他，还将毁掉整个王朝。

万历之后，再经泰昌、天启、崇祯几代皇帝，明朝就此宣告灭亡。此时只是苟延残喘，聊尽人事。

万历三十年，当孤单的斗士终于心如死灰，撒手西去，王朝未来的命运也在每个稍有眼光的人心里清晰可见。

后来许多史学家或史论者都纷纷指出，明王朝实际上并非亡于崇祯，而是亡于万历。

黄仁宇先生以万历十五年为明王朝呈现灭亡的关键点，而清初《明季北略》一书的作者计六奇对万历二十三年之前的明代史实"俱不之载"，认为在此之前的明史皆"无关于天下之大者"，"而独始于万历二十三年者，见皇清封建之始，继明之天下已有其人矣"。

其实，李贽之死的万历三十年，才是明王朝真正失败的总记录。李贽之死向世人宣告：一切敢于触动封建纲常名教、动摇儒家道德伦理至上主义的思想学行都不被允许，任何触动官僚缙绅阶层特殊利益的思想家都会受到官绅阶层的清算。

如果说张居正的改革还仅仅是因为触及了改革措施赖以推行的官僚阶层的既得利益而失败的话，那么李贽之死，则彻底暴露了僵化的封建意识形态与代表社会进步的新思想之间有不可调和的冲突，从而为明王朝的灭亡敲响了丧钟。

万历三十年以后的晚明史，包括东林党人的结社讲学、反对阉党专权的斗争被镇压，乃至崇祯九年（1636年）四月一介武生上书要求解决官僚阶层与人民大众的矛盾，同样遭到东林党人"小人无忌惮一至于此"的痛驳而险遭不测等，都不过是万历三十年镇压异端的重现和余波而已。

只不过当时的朝廷政局，正像袁宏道所辛辣讥讽的，"如人家方有大盗，而妻妾仍在争床笫间事"，只有"妻妾"的矫情，而无关天下的是非了。

所以我们说"书生误国",主要的就是两个历史时期:

晋朝时清谈误国,导致江山为异族所篡,五胡十六国直杀得天下白骨森森,血流成河。

另一个就是明朝中晚期,心学和理学拼命地吵,清流和内阁官吏拼命地吵,文官和武官拼命地吵,官员和皇帝拼命地吵。

规模庞大的大明王朝就在这喧天的吵嚷声中彼此牵制而损耗了大半的国力,终于外强中干,再也不能形成有效的国家合力。此时纵有圣贤复生,也已回天乏术。

万历以后,晚明王朝已毫无生机,失去了继续存在的价值。

李贽则是这一巨大历史转型中的悲剧性主角,也是因为他是在群丑的喧噪中孤绝地死去,他为之抛洒热血的思想启蒙事业在他身后仍充满坎坷和波折。

明末李自成揭竿而起,正是看清了"兹尔明朝,久席泰宁,寖弛纲纪。君非甚黯,孤立而炀蔽恒多;臣尽行私,比党而公忠绝少"的社会现实。

他进京之初不甚杀戮,后看到明朝的文武衣冠"千官争制新王表""弃旧事新而漫不相关"的丑态,才下令对来降的明朝官绅大肆拷掠的。

计六奇说,明末"祸发于天启、崇祯之代,而所从来久矣。至群臣背公营私,日甚一日。……大抵世所谓小人者,皆真小人;而所谓君子者,则未必真君子也"。

当时的村氓黔首,则认为自成"本无霸王之略,或者天厌内外诸臣贪风炽盛,特生此恶魔以荡涤之耳"。那时以道德自负的东林党人,"异己者虽清必驱,附己者虽秽必纳""争富贵而相嫉轧",仍不

239

改"恶逆耳、收附会"的恶习，致使崇祯在群小的党争中只能"群邪并进"，疲于调停。

一篇《罪己诏》，活画出明末官员"出仕专为身谋，居官如同贸易"的丑态。无怪这位亡国之君在煤山自缢时留下的血诏中痛骂"皆诸臣之误朕"了。

这一篇里过多地引用了史料以说明晚明局势的复杂，然而恐怕仍然不能如意。事实的复杂远胜我们的想象。对于这个时代，征用多少史料似乎都无济于事。

翻回头来，再说李贽。

此前，我们说了两位明代的隐士，前一位沈周，后一位李贽，两个人恰可以做一个意味深长的比较。我们说纵观二人的一生，沈周基本上是成功的。他几乎是一个毫无缺陷的隐士，无论其生存环境、时代背景、家庭条件乃至于个人政治诉求、学术成就、生活水平、社会地位甚至于寿命都近乎理想化。

相对而言，李贽则基本上是失败的。少年时家道中落，做官四海漂泊，成为心学理学两党公敌，被昔日好友翻脸痛斥，出家为僧都能被捕入狱，最后不得不以一柄小刀自我了却生命。而他和沈周之间相隔的年代不过百年而已。人生一百年间，时势的沧桑变化竟能至于如此程度，也不能不令人拊膺叹息。

而隐士的前途也随着三千年来历史的跌宕起伏，终于在沈周和李贽这一正一反、一盛一衰的两极中日薄西山。

尽管在遥远的将来，隐逸仍然会作为一种情怀在中华儿女中传承下去，但作为一个人群，隐士们即将面临他们的终章。

匹夫有责

顾炎武

明末三大宗师
天下兴亡
一生羁旅
最后的隐者

一、明末三大宗师

　　万事有不平，尔何空自苦；长将一寸身，衔木到终古？我愿平东海，身沉心不改；大海无平期，我心无绝时。呜呼！君不见，西山衔木众鸟多，鹊来燕去自成窠。

　　清朝顺治六年（1649年），苍茫大地之上北风呼啸。时值小冰川末期，时令虽未入冬，天气已经寒冷。土路之上，一个身穿儒家衣冠的男子抬起头来，看着天空中一只失群的孤雁。良久良久，他长叹一声。

　　这个人就是我们这部隐士传的最后一位主角，姓顾，原名绛，后改名炎武，字宁人，号亭林先生，时年三十六岁。

　　此前五年，也即1644年，李自成义军攻入北京，明朝就此灭亡。紧接着，清兵入关。

　　残存的明朝宗室和臣僚们在南方开辟小朝廷，史称南明诸帝，然而一则清军势力过于强大，二则明朝痼疾过于顽固，即使偏安一隅，也往往不能和衷共济，反而彼此钩心斗角，因此旋起旋灭。

四年之前，顾炎武曾经受南明隆武帝的征召担任官职，然而因为北方事务缠身，一直没有机会南下，而今隆武却已经成为过去时。

顺治六年时为南明永历三年。这一年，来自北方建州部的清军已经基本取得天下，为此他们付出了努尔哈赤、皇太极两代人的努力，而今清朝顺治皇帝福临已经是第三代。

福临年幼，由其皇叔多尔衮代为掌权。多尔衮为人深沉阴鸷，饶有将略。在他的指挥之下，仍然忠于南明朝廷的义军节节败退，顾炎武在北方周旋多年，仍难建功。

眼见入冬，他的心情也随之渐渐寒冷下去。本文开篇的这首诗《精卫》就是他此时所作，借以寄托他耿耿孤忠的心情。

隐士的历史推移到明末清初，情况变得跟以往都更不同。

起初，当大明王朝陷入危机时，谁也没有把关外的所谓满洲建酋作为真正的敌手。尽管每年为了巩固北方防线而花费大量的人力、物力、财力，但王朝真正的心腹大患还是肆虐在王朝疆域内部的李自成义军。

陕西米脂驿卒出身的李自成在十数年间，裹挟天下三十六路诸叛，联合张献忠部两路并进，搅得大明天下一塌糊涂。究竟是内忧而非外患，即使天下最终被李自成平定，他毕竟也是汉人。

然而当李自成部在一片石大败给勾结了女真军队的山海关总兵吴三桂的联军之后，情况急转直下。

一向不被大明所认真对待的清兵趁势大举南下，竟然顺势取得天下。

这一来，民族的冲突就立即盖过了民族内部社会各阶层的冲突，以往在天下乱局中大可以持中而立的隐士群面对着艰难选择：要么拥护，要么反对，二者必居其一。

清兵乃至八旗子弟的数量远少于明朝军民，因此他们镇压的钢刀毫不留情，杀人如同割草。简而言之，这是一个隐士们欲做隐士而不能的时代。这个时代里仍然顽强存在着的隐士们是历史上最后一批真正意义上的隐士。

顾炎武就是其中最具代表性的一个。

明朝覆灭之后，顾炎武与其他有志于反清复明的义士分别潜伏下来，联络分散义军、江湖草莽，暗暗积蓄力量，以为他日之助。

他们的行动秘密而危险，一旦被清朝的探子盯上，便会牺牲生命。但在这是非存亡的关键时刻，顾炎武毫不犹豫。他投身义举，任劳任怨，从容不迫，经常为之舍生忘死，在江湖上博得很高的声望。

但做着这样危险工作的顾炎武本人实际上却从没有经历过军旅生涯。恰恰相反，他是一个书生，而且是一个兼通经史旁及文武的全才型人物。晚明三大儒林宗师（黄宗羲、顾炎武、王夫之），他就是其中之一。获得这个声名的时候，他仅仅人到中年。

要弄清顾炎武前半生的履历，我们还得从晚明历史说起。

我们讨论其他隐士生平的时候，往往会苦于历史材料太少。但明朝不一样，明朝存世史料之多，以至于某些专门的史学家都难以通览。正因为其数量太过巨大，泥沙俱下，鱼龙莫辨。许多史料本身就存在尖锐矛盾，因而作者也不可能对此做出一个极其权威的概括，只能大略而论。

明朝的特殊性，首先在于它的政体。

中国虽然从秦朝到清朝都是封建王朝，但具体的体制运作则各有门道，千差万别。

明太祖朱元璋是草野之中取得天下的皇帝，即位之后，大肆打击特权阶级，诛戮功臣，贬斥豪族，压制宰相，使得君权格外集中，后来作为君权衍生物的宦官敢大行其道。

朱元璋的后世子孙不及他英明神武，皇权的分散程度就越来越大，到了王朝的中后叶，皇帝虽然实质上仍然掌握着最高权力，但仅就王朝表面形势而言，已经演变成了一个趋于文官化的特殊政体。朝政由实际上担任宰相职责的大学士们领头掌握，大学士们组成的内阁在实际分工上又相当于皇帝的秘书班子。这样的班子一向是地位不高而权力极大的，比如汉晋之尚书令、尚书台以及唐朝三省，对比之下明朝的结构也不出格。但明朝中后叶皇帝渐渐淡出王朝庶务，便使得内阁的权力相当程度地扩大了。

除了代表着皇权的宦官系统有职权可以监视之外，内阁的权力达到了历代的顶峰，由此便相继形成了一系列的文官集团。且因为内阁和宦官系统双双掌握重要权力而缺乏足够威望，这些集团在某些方面实际上对内阁和宦官系统造成了实际的威胁。

这些一系列与内阁或宦官等大的权力集团相对立的小权力集团往往通过学术来彼此连接，形成关系。这就是明朝中后叶极其有名且重要的清流党。

清流党人中集大成者自然是明朝万历、天启年间十分活跃的以顾宪成和高攀龙为首的东林党人，还有规模或大或小的甚多的小团体为之策应。其中比较著名的是复社和几社，年轻的顾炎武当时就是复社的成员之一。

顾炎武是江南世家大族之后，东汉时期形成规模的江东"张文、朱武、顾忠、陆厚"四大家族之中的顾家就是顾炎武这一脉。

门阀政治时期，顾家具有相当大的势力和声望，但到明朝末期，也就只剩下传统的家风可以教育子弟。顾炎武的曾祖父顾章志曾经做过明朝南京的兵部右侍郎。在他的影响之下，少年时的顾炎武就注意用功于学业，十四岁时取得了生员的身份，同时加入复社，在复社里结识了他终生的好友归庄。

归庄也是名门之后，他的祖先归有光是明朝中期有名的文章大家，文名与王世贞不相伯仲。顾炎武和归庄两人志趣相投，相见恨晚。

按照通常的规律，顾炎武和归庄都有过人的才华，又有了复社的背景，继续考出功名绝非难事。

清流主力的东林党在天启年间虽然被魏忠贤大肆镇压，但崇祯即位之后诛杀魏忠贤，隐然有中兴之象，复社又开始恢复了元气。

明朝中后叶的清流组织是非常有影响力的，这些人往往是王朝中的大儒和饱学之士，他们官位虽然不高，却都有着相当的名望，而且因为都是文官，无形中就掌握了王朝的监督权、话语权和科举权。尤其最后一个权力是清流得以长盛不衰、屡禁不止的奥秘。因为低级别的文官往往身份相近，志趣相投，总是彼此联合。而他们的联盟决定了王朝下一代文官的走向，下一代文官又决定着再下一代，如此类推。当他们基本统一了王朝低级文官系统时，随着年深日久，辈分越高，官位越大，取得的权力也就越大。他们的门生故吏遍及王朝，以至于各地负责科举的官员往往都是清流中人或可以被清流所影响，负责总督科考的大学士也不得不向退休在家的清流首脑征问策略。

而这些清流首脑此时官位虽低，实权竟已经可以跟宰相们分庭抗礼。这是晚明政治的一个独特现象，下级文官的联合经常可以绑架上级文官，而他们抗衡的手段则是儒学经典。

南宋理学建立以后，儒家经典的地位被抬到前所未有的高度，一切不合乎经典的行为都被认为是不应当的。

这种行为究竟正确与否，直到今天还在被激烈争论着。

实际上，斗争的形势千变万化，有些事例在今天看起来简直是荒谬的。比方说，为了确立一个皇后，臣子们不惜和皇帝展开漫长而持久的拉锯战，有些臣子不惜冒着被廷杖打死的危险上书大骂皇帝。总而言之，这个问题十分复杂，不能一概而论。

但其中最重要的是，晚明的王朝运行机制是一个非常实际的机制，而作为清流的成员，他们无论理论上还是实际上都认真奉行着儒家经典要义，他们的行为必然是相当理想化而且脱离实际的，这就和王朝现有的机制产生了十分尖锐的矛盾。彼此都拼命地给对方抹黑，但彼此其实都有对有错。即使现在的主流观点也认为倘若朝政真的被清流掌握，并不一定就有多少起色。尽管他们从道德上来讲几乎无可指摘，说起理论来也头头是道。

年轻的顾炎武和归庄已经敏感地意识到清流体制本身的欠缺。他们最欠缺的就是实际经验。倘若他们借助复社的力量，成就功名并无问题，但那不过是给王朝再增添两个只能说话不能办事的庸碌官吏而已，有何好处？

十四岁的顾炎武毅然抛弃了之前复社成员通常走的老路，他甚至勇敢地抛弃了科举。尽管科举至此已经影响了天下将近一千年，并且还将继续影响下去。

顾炎武认为，真正的学问绝对不可能仅仅靠书本得来。而且古书是否能指导当代人的言行,乃至它是否正确都是未知之数。真正的学问,只能靠自己在亲身实践中印证并丰富。

单以少年顾炎武的这个见识,他就不愧身为明末三大宗师之一。

于是,从少年到青年,顾炎武开始了艰苦的游学过程。这个游学过程在某种程度上一直影响他的一生。

他是怎么游学的呢?

顾家不算穷,顾炎武弄了一堆马和骡子,除了人乘坐之外,驮的箱子里满满的都是书。诸子百家各种经史,以及千百年来由此衍出的各种注疏、各家版本——基本上就是一个小而齐备的移动图书馆。

而顾炎武就领导着这支小小的队伍开始周游天下,每到一个地方,他都会认真地考察当地山川地理,历史掌故,农田水利,矿产交通,何处可以屯兵,何处可以埋伏。此外,他还向当地上年纪的老百姓仔细打听,得到的消息再跟各种书籍上所记载的相印证,最终得出自己的结论。

中华历史上有过无数读书人,但像这样读书的人,从古至今能有几人?

就是在这样认真而且艰苦的求学过程中,顾炎武长成了精通经史、熟悉实务的全才。

也就是在这样的求学过程中,顾炎武对神州万里大好河山第一次有了直观且深刻的印象。祖国的山川秀丽地大物博令他无限骄傲,他也暗暗立志要为守护这片土地穷尽一生。

三十岁以后,顾炎武的思想和学术在苦行般的实践过程中已经慢慢成熟,于是他开始潜心编纂自己的专著:《天下郡国利病书》和《肇域志》。

两部专著尚未完工,他已经被认为是当世学问最渊博的人物之一,与黄宗羲和王夫之并列,成为当世无论是儒林,还是官吏百姓共同钦敬的三大宗师之一。

二、天下兴亡

顾炎武没有完成《天下郡国利病书》和《肇域志》并非才力不济，而是时势已经变了。崇祯皇帝朱由检既刚愎自用，又偏听偏信。

原本明朝在辽东布置了大量的兵力以防清军的入侵，但在李自成的义军压力下，不得不连调劲旅撤防回师。后来，又中了皇太极的反间计，杀了名将袁崇焕，辽东一时无主。

李自成义军攻克北京之后，贪于享乐，迅速腐化。而清军则在山海关总兵吴三桂的引领下与李自成部大战于山海关，李自成义军惨败。此后一直败退到湖北九宫山，李自成被当地豪强杀死。

这时整个中原都在剧烈的斗争和内耗中人才凋零，再无人可统领全局，虽然明朝人数兵数远多于清兵，抗清爱国热情也空前高涨，战线却总是节节败退。

在这种情况之下，心怀天下的顾炎武已经不能再穷坐书斋耽玩经史。他愤然而起，与挚友归庄一起组建起一支义军。那时的江南群龙无首，完全各自为政。顾炎武和归庄家族世代都居住在本地，本人又都是知名学者,有一定的声望,所以才能仓促之间召集起一支义军。

说是义军,其实除了一腔忠勇之外,他们无器械、无衣甲、无马匹、无粮草、无辎重、无训练、无将校,根本不足以与从辽东一直杀到江南、士卒兵马个个身经百战的八旗铁骑相较。这场旨在保家卫国的战斗是异常悲壮的。

这支义军里唯一精通兵法的人就非顾炎武莫属。

顾炎武尽可能冷静地分析了局势,觉得自己的部属无论在哪方面都难以与汹涌而来的八旗铁骑相抗,要保全自己,乃至克敌制胜,唯有依仗自己的部属都是当地人,熟悉地理的先天条件。

江南地面多河渠,又多芦苇。时值九月,序属三秋,天时地利人和,他准备带领义军打一场埋伏战。

这也是顾炎武第一次亲自指挥战役。他腰间佩了一口单刀,站在义军的队列前方,倒也威风凛凛。归庄少年时就性情奇特,和顾炎武并称为"归奇顾怪"。

虽是文人,事到如今,也不惧怕。但除他二人之外,二百来人的义军中刀枪屈指可数,武器多半都是棍棒农具。

这也是没办法的事。顾、庄两家之前虽小有薄产,在大明王朝的统治下也不可能准备大量刀枪军械在自己家里,而今大军猝集,现打造已经来不及了。何况就算给这些义军都配上制式的衣甲兵器,也不可能敌得过那些有丰富实战经验的清兵。

顾炎武缓缓审视着他们,这些满脸灰土的汉子神情安详而朴实,他们的眼睛里间或闪过惧怕的神色,但却没有人后退一步。

民心可用!

顾炎武按着刀柄清清嗓子,顷刻之间,他就完成了从书生到军事指挥家的角色转变。

"乡亲父老,叔伯兄弟们,"他说,"清兵就要来了。他们要来抢走我们祖祖辈辈的土地,杀戮我们的妻儿,改变我们的衣服头发,我们能不能容许?"

"不能!"震天动地的怒喝声。

"很好。那就让他们见识见识,我们江南的子弟不是好欺负的!"

"誓死抗敌!誓死抗敌!"

"归庄。"

"有!"归庄抢步而出。

"你带一队人,向西北一带埋伏。陈御史总领后队,候归庄烽火点起之时出动策应。切记,敌强我弱,不能硬碰。我带一队人上去诱敌。"

"不成。炎武!大将压后阵。我去!"归庄说。

他和顾炎武少年时一起读书,此刻一起并肩作战,友情持续一生。

"你去没有用。"顾炎武苦笑,拍了拍归庄的肩膀,"江南义军人手有限。这一战,我们不能平白送死。"

保卫家园的这一战在悲壮的氛围下拉开了帷幕。顾炎武率领三四十名精壮的农夫领先前去诱敌。

一次埋伏是否成功,首先要看负责诱敌的部队是否能够如期完成任务。顾炎武躲藏在深深的野草之中,发现自己握着刀柄的手心里全是冷汗。

他本以为自己已经不再惧怕任何事,但在面临生死的巨大压力下始终还是不能淡然。他回头望望属下们,他们的紧张比他更甚。于是顾炎武向他们温和地笑笑,以示宽慰。

午后，大地上传来沉重的轰鸣声，像一大片翻滚着的雷声不断快速地逼近。渐渐地，整块土地都震颤起来，顾炎武和义军们能够感觉到从土地上传达过来的那种强烈的不安！

终于，长草之中一个骑兵突然现身，那个骑兵并不像传说中建州人那么矮小。他身高马大，浑身重甲，手里提着沉重的铁锤，战马的鼻口端喷着白气。

顾炎武注意到那个骑兵的马颈上悬挂着一串血迹模糊的人头。他不禁不寒而栗，这支军队的残暴和强横是真的！

那匹马缓缓地在战线之前走动着，而后一排一排黑色的骑兵突然在他背后出现。

即使是在多河渠沟岔的南方，清兵们仍然可以依靠娴熟的骑术骑马作战。随着那些清兵开始大吼，顾炎武感觉到他带领的人已经出现了惧色。他严厉地说："稳住！"

清兵开始突袭！他们在广阔的阵地上发起冲锋，挥舞着寒光凛凛的兵刃，发出奇异的吼声。

即使早有心理准备，顾炎武都没有料到清兵的冲锋竟然如此恐怖！他不得不深深呼吸才勉强压制住情绪。

然而就在这时，一个义军站了起来。

那是一个年轻人，谁也不知道他突然站起来是什么原因，可能是实在无法承受巨大的压力了。藏身之处一下子暴露了，年轻人犹豫着，不知道是该转身逃走还是勇猛地冲上去，最后终于两眼通红，一咬牙冲出战壕向前跑去。他挥舞着他的锄头，这个画面令顾炎武此后终生记忆深刻——他的锄头并没有如愿打死一个敌人。

而在奔跑之中，一支羽箭嗖的一声贯穿了他的身体。年轻人晃了一晃,倒在地上,死了。而大批清军也发现了在此地埋伏的这些人。

局势进入乱战。

多年以后,顾炎武再回首往事,发觉那一仗其实是必败的。

义军们普遍缺乏训练,单凭一腔胆勇很难承受真正战场上那种巨大的压力。而一旦暴露目标,军情涣散,义军就会变为清兵们争抢着屠杀的靶子。

尽管顾炎武这支小部队原本的任务就是诱敌,而诱敌必然要付出一定代价,但这个代价也实在太惨重了。除了簇拥在顾炎武身边的五六个人,其他暴露目标的义军几乎立即就被清兵们分散包围,而且毫无抵抗能力。

顾炎武握着单刀的手指节因为用力而发白,他知道对面是一支精锐部队,即使拔出自己这柄刀,即使自己粗有武艺,也砍不透清军的铁甲。

他用手势向义军们示意,他们悄无声息地分散到河渠沟岔里,或者含着芦苇秆深入水下。紧接着,顾炎武一跃而起,和其他义军全然不同,他有一匹马!在他游学天下的时候这匹马与他建立起了非同寻常的默契,可以和他一起参加埋伏。

顾炎武驱马飞奔,竭力和追兵保持着一箭以上的距离。

清兵们很快就发现了他,他的服饰与众不同,而且还有一匹马。他们知道他必然是义军的首脑,于是蜂拥追来。

顾炎武一边策马一边回头望去,那些强壮的战马背负着骑兵、甲胄和兵刃竟然都不比自己的马慢。

好在埋伏圈就在附近。附近有一片水塘。归庄的第二路义军就隐藏在那里。他远远看见顾炎武单骑而来,满身血污,背后一大片清军蜂拥追赶着,立即放出手中的烟火。白白的烟迹在午后的阳光中分外明显。

追赶着的清兵步履放缓了。

毫无疑问,那是一个信号。

最后他们似乎商议了一下,觉得这样小规模的义军也不会有什么了不起的埋伏,又恢复了追赶。而那时顾炎武已经连人带马冲入水塘里,由陈御史带领的第三队人马此时开始了攻击。

陈御史年龄比顾炎武、归庄都大,也是此地名族,曾经在明朝做过御史。他一生都是文官,向来没有打仗交锋的经历,顾炎武和归庄把他放在战线的最后方。

在这个炽热的午后陈御史一直在焦急地眺望着天空,直到他看见白白的烟迹冲腾而起,他回头向乡民们说:"放火!"

火攻!这个计策,明朝的人并不陌生。那时候,《三国演义》早已风行天下,无所不知而又无所不能的诸葛亮,最拿手的就是火攻。这也的确是以弱胜强的最好办法之一。

陈御史率领的这队人都是四十岁以上的农夫,打仗他们不在行,但放火烧荒多半还是行家。他们把早已准备好的干草堆在地上,挖好了防火线,火焰腾腾地烧起来,火舌沿着深秋干枯的草地飞一样向里烧去。

当清兵远远望见火光越来越近时,却已经晚了。在草原上,人马永远跑不过火,这是一个常识。而从火光的距离来看,他们也根本来不及把周围的土地挖开以阻挡火舌。

一些清兵立即就被熊熊的火舌吞没,另外少数的清兵拨转马匹四处逃窜。但此地附近凡是能藏身的大小水泊都埋伏了义军,骑兵笨重的武

———— 255

器和甲胄在水里会成为他们致命的负担。

这是顾炎武初出茅庐的第一仗。

这一仗令顾炎武亲身学习到了极多有用的知识，从严格意义上讲，也不能算是胜仗。尽管最后借助火攻和埋伏，义军杀死了几十个清兵，但同时己方也付出了数十条性命的代价。

火势很快会引起清兵大部队的注意，在后方的陈御史所部放完火之后就忙着转移村里的财物，而老弱妇孺已经先期安排撤走了。

这一仗令顾炎武明白了他们面对的敌手是何其强大，而真正的战争又是何等残酷。即使火攻埋伏计取得了效果，他们也一样没能保住自己的家园。

但这毕竟是一场胜利，而且是辉煌的胜利！

即使在付出重大伤亡之后，顾炎武和他的队伍也实实在在地取得了一些战果。而这对于这样一群连刀枪都很少的义军已经是十分难能可贵的了。

相比那些拥军自重，而一打仗就溃兵千里的南明镇将，这支队伍所迸发出的勇敢和悲壮令人动容！

从这一仗起，顾炎武的身份正式从学者转变为抗清义士。他和他的队伍此后十数年中一直没有放弃抵抗和努力。

三、一生羁旅

在这种离乱动荡的局势之下，江南涌现出无数支像顾炎武的队伍一样的义军。他们坚决抵抗清兵，不屈不挠，不怕牺牲。

顾炎武与清兵展开过大大小小无数战斗，有些战斗本身只能用残酷来形容。在任何一个大是大非的历史关头，他都是不屈的！但明朝却已经注定灭亡。

后世的清朝统治者们经常迷惑为什么"反清复明"这四个字竟有如此旺盛的生命力，这个疑问同时也是许多百姓都有的。

事实上，明朝皇帝的风评之差，在中国历代史上都很有名，而南明的政治黑暗与腐朽更是无须掩饰。当清兵已经基本取得北方大境之时，南明的几个小朝廷之间竟然还有时间发生内讧。即使同属于某个小朝廷，比方弘光朝的各镇兵马彼此也嫌隙极深。

总而言之，明朝的宗室和朝廷已经完全失去了它本该具有的领导能力。而没有一个统一领导的诸路势力彼此各怀心思，结果终于把世事搅成一团乱局。

晚明时清流党和权力集团所以斗得那么激烈，很大程度上也不过是皇帝有意放权而已。皇帝倘若认真负起他的责任，谁也闹不起来，就连数十年不上朝的嘉靖皇帝实际上都掌握着巨大的权力。但他们无一不对政治表现出异乎寻常的反感或无能。

比方说嘉靖皇帝，他数十年不上朝一次，表面上似乎放弃了对一切朝政的处理，其实并不然。翻开史卷，我们可以看到嘉靖还是做了一些事的，大的方面比如经济和军事，嘉靖都在管，而且管得还不错，明末一批重要将领就是在嘉靖朝被皇帝亲手提拔起来的。这样看来，似乎嘉靖还是个懂得人君分寸、有大节的皇帝，但他唯一放任的就是吏治。

也就是在他的任期之内，清流和权力集团呈现出你死我活的态势。他们的连续斗争使得整个王朝都在内耗中彼此牵制损耗。因此嘉靖才能诸事一应不理而始终保持他的权力。

对嘉靖来说，这是在图省事。君主令手下彼此牵制，也是帝王权术，本来不算什么大事，问题是嘉靖的放任导致的内斗太过火了，两派势成水火、泾渭分明，各自视对方为死敌。在这种局势下，朝廷的任何政令都不可能得到很好的执行，这个王朝终于亲手把自己埋葬了进去。就此而言，王朝末年已无回天之力，将其毁灭重建比将其恢复的难度低得多。南明那些小朝廷在灭顶危机面前表现出的惊人贪婪和腐化就是明证。

然而，尽管顾炎武们也对晚明诸帝印象不好，但大明始终是所有明朝子民心目中的一个图腾。

晚明政局之乱之坏难以想象，然而仔细追究起来，还是属于一个具体执行问题。

明朝二百余年以来，中枢的制度建设方面做过许多灵活多变的有益尝试。到明朝后期，由于帝王们的有意放权，朝政中出现数权并立的形势。但是,王朝的内斗主要集中于中枢,清流党人在内阁跟人吵架时恨不得打破人家的头,出去做地方官却一般都能收获很好的政声。总的说来,明朝的整体成就是很可观的。

这个朝代也很注意和世界的沟通与交流,明成祖永乐时期,郑和的船队远下西洋,给这个朝代带来世界性的声望。

明代中后期藏富于民政策的实施,也使得资本主义萌芽渐渐显现。明朝晚期很糟糕,然而糟糕的责任主要在人,而不在制度。

清朝重新恢复了极其独裁的制度,在地方上则重农轻商,一定程度上造成了历史的倒退。尽管某些学者比方通俗小说家金庸先生认为,清朝的皇帝整体上是个正数,而明朝的皇帝整体上是个负数,但总体来说不是这样。

单纯就皇帝的个人道德看,或者能够得出这个结论,然而在一个成熟而先进的体制下,皇帝的个人道德与王朝的整体成就不见得一定存在正比关系。事实上唐太宗李世民的个人道德究竟怎么样就还有争议,但他领导的唐朝是中华史上无可争议的鼎盛王朝。

明朝实际上是以相对不合格的人在驱动着一个相对先进的制度,而清朝是以相对合格的人驱动着一个相对落后的制度。

在短时期和表面上,这两个王朝或者难分轩轾,但明朝的潜力和格局却绝非清朝所能比拟。而对于这一点,顾炎武等人都很明白。所以他们坚持"反清复明",不只是要把清军赶出关外,恢复汉人江山。更重要的是要恢复一个像明朝一样相对先进而潜力无穷的制度,否则倘若只是北京紫禁城龙椅上换了一个人坐,整体意义不大。

"复明"永远是这些富有理想的人的一个目标,虽然当时他们谁也没想到,完成这个目标竟然花费了二百多年时间。

正式成为抗清义士之后，顾炎武就又开始了奔波忙碌的生涯。

这一次不是为了求学增广见闻，而是为了联络江南各路义士合力反清，为此他连南明朝廷派给他的官职都无暇上任。当然那个南明朝廷不久也就被扑灭了，顾炎武等人的不屈斗争最后也是失败的。

明朝中后期积重难返，加之气候等客观因素，先后承受李自成、张献忠和清军两批长达十几年的战争已经耗尽了天下百姓的资源。

在百姓的需求里，排在第一位的不是别的，而是生存。而生存需要一个相对稳定而简单的局势——不管谁来掌握天下。清朝恰恰就投了当世百姓的所好。

清廷取得政权之后，迅速改变策略，轻徭薄赋，帮助百姓休养生息。民族性和制度性固然重要，但始终要次于生存需求。

起初清廷军队入关之前，自己都没想过可以取得天下，最后竟然坐稳了政权，人口在二百余年中迅速增长。尽管"反清复明"的口号此后贯穿清朝始终，小规模的抗争也是层出不穷，但始终没有出现大规模的正面抵抗。

虽然清前期、中期的历任皇帝都很勤勉，但百姓的生活仍然处于一个比较低的水平。生存需要仅仅被满足，其他的就更无从谈起。

而对于顾炎武来说，他心中的理想之火始终没有泯灭。

这些年来，他声名越显。

其实像顾炎武、黄宗羲、王夫之这一代人，虽然青少年时都有复社或几社的背景，但在社里的序列本身是低于诸如"复社四公子"这样早已成名的人物的。后来晚明三大宗师终于是他们三个，而非复社四公子，正是因为四公子——冒辟疆、方以智、侯方域、陈贞慧——在历史的大是大非面前表现得远远不如顾炎武三人。

四公子中，侯方域后来投身清廷，另三者也选择了比较温和的方式隐居。但我们之前说过，这个时代是欲做隐士而不能的时代。

隐士首先要有明确的政治诉求，而四公子这样的人很难说有什么诉求。与他们身份相若的江南文坛领袖钱谦益也是当世才子，明朝灭亡的时候打算以身殉国。他跳进水里之后苦着脸说："水好冷啊！"于是又爬上来了。当时的清流就是这样一群名过于实的风流才子。

而顾、黄、王三人的学问不仅仅来自经史，还来自崎岖辗转、万里漂泊的历练，更来自坚贞不屈、孤傲不群的气节！三大宗师，殊非幸致。

三十六岁的时候，顾炎武写了《精卫》聊以自许。单从诗名就可以看出顾炎武对未来有着可以预见的悲观。愚公移山，山最后还被移开了；精卫填海，而海终不能填满。

但顾炎武还要继续走下去，尽管抗争一次次失败，尽管他的鬓边已生出白发。

他相信总有一天灿烂的中华文明仍会傲然挺立在大地之东，总有一天中华的荣光会像汉唐时期一样泽被整个世界。

他走啊，走啊，不知疲倦，从不止歇。这一走，就是三十年！

从三十岁到六十岁，顾炎武毕生最精华的时间全都献给了他致力完成的事业，尽管最后还是没能实现。清朝的统治越加稳固，此时的皇帝已经不再是顺治，而继以康熙。清朝政府所推行的休养生息政策也总算初见成效，百战凋零后的土地上焕发出勃勃生机。

对于终年行旅匆匆的顾炎武来说，看到天下重新恢复安宁，令他欣慰，然而这种安宁在某种程度上仍在被压迫却更令他不安。

三十年里，他已经完成了《天下郡国利病书》以及《肇域志》，而且还写出了《日知录》这样不朽的名作。这篇著作里的两句话迅速传遍了大江南北黄河两岸。每个有志于抗清的志士口中都在默念："天下兴亡，匹夫有责！"

三十年间，他也曾经因为矢志抗清而两次身陷囹圄，全靠老友归庄不顾一切地营救才得以身免。其中的一次，归庄甚至求到钱谦益头上。

钱谦益我们上文提过，是江南文坛领袖，是想殉国又嫌水冷的人。那时的钱谦益已经在清廷里身任高官，他自然也听过顾炎武的声名，乐于帮助营救，但代价是顾炎武需拜他为师。

顾炎武坚辞拒绝！不是因为学术，而是因为品格。

实际上，那时候的儒林士子里还有志于抗清的人已经不多了。三十年来，最优秀的儿女都已经在敌手的屠刀下尸骨成尘。

顾炎武还记得老友陈子龙，陈子龙后来选择了与顾炎武一样的道路，弃文从武，坚决抗清。

陈子龙有个学生叫作夏完淳，英勇就义时才十七岁。倘若其人不死，将来的成就不可限量。他牺牲之后，顾炎武很长时间里都默然。

清朝政府从来没有放弃过对顾炎武的招揽怀柔。

我们开篇也说过，顾氏是江东大族，顾炎武的外甥们如徐乾学等人此刻在北京城里也身居要职，而顾炎武的声望和学问更远非他们能比。

倘若顾炎武变节投靠，功名富贵可以立致，前途不可限量。但顾炎武对此态度异常坚决。他自认还是有用之身，不能像伯夷、叔齐那样远遁采薇而死。但只要他活着，就不采取任何行动与清朝合作。

清朝政府曾经几次想征辟他出来，许以高官，又许以《明史》修撰，被逼迫得急了，顾炎武声称"唯有一死以效屈原"！

他和黄宗羲等人身份太高，清廷是时在士林中根基未稳，也不敢太过逼迫。但对顾炎武来说，他的人生清楚可见终点。

四、最后的隐者

清康熙十七年（1678年），已经年逾六旬的顾炎武终于停止了一生的漂泊，晚年隐居在陕西华阴。即使停留在这里，也并不是因为华阴的景色秀美，而是另有见解。

他在一封信里写道：

> 华阴绾毂关河之口，虽足不出户，而能见天下之人，闻天下之事。一旦有警，入山守险，不过十里之遥。若志在四方，则一出关门，亦有建瓴之便。

他是把这里作为交通豪杰、查考世事、以备他日之变的一个据点，而他的好友傅山等人也住在华阴附近。

傅山字青主，也是品学兼优而有志于反清的志士，他是明末清初罕见的全才型人物，诗书琴画皆能，还是天下闻名的医生。他是顾炎武晚年经常往来的好友之一。

康熙十八年（1679年），顾炎武六十七岁。在他的倡导下，他与王山史等人共同创建"朱子祠"。

他在《与李中孚书》中谈及此事：

> 华令迟君谋为朱子祠堂，卜于云台观之右，捐俸百金，弟亦以四十金佐之。七月四日买地，十日开土，中秋后即百堵皆作。

工程到第二年正月，全面完工。

朱熹是南宋著名理学大家、重振儒学颓势的重要人物。顾炎武年轻之时对他的印象并不好，认为清流党人空谈误国，乃至科举禁锢士人，其祸源便在朱熹。但晚年，他谅解了朱熹，或者是那时顾炎武已经认为，对黎民百姓而言，建立一个信仰比毁灭更加重要。

康熙二十一年（1682年）农历正月初四，正值新年伊始，天空纷飞瑞雪。顾炎武出门去拜会一位老友，乘马之时不小心摔倒在地，当时呕吐不止，伤势不轻，从此缠绵病榻。

顾炎武半生漂泊，身体早已经承受太多劳累，这时随疾病一起爆发出来，他的身体迅速垮下来，再也不能医治。

仅仅数日，到得这个月的初八或初九，顾炎武就停止了呼吸。

他的生命就此终止，纷纷扬扬的瑞雪继续飘飞。寒冷的大地上一片静谧。

顾炎武逝世之后不久，老友傅山闻讯赶来。他本是当世名医，至此也回天乏术。之前，顾炎武和傅山相交莫逆，彼此以诗歌酬答。

顾炎武平生不喜繁丽，多文而少诗，但这首诗一向被认为是他毕生的经典之作：

> 愁听关塞偏吹笳，不见中原有战车。
> 三户已亡熊绎国，一成犹启少康家。
> 苍龙日暮还行雨，老树春深更著花。
> 待得汉廷明诏近，五湖同觅钓鱼槎。

及至他另一位老友全祖望为他写墓志铭时，如此评价道：

> 宁人身负沉痛，思大揭其亲之志于天下，奔走流离，老而无子，其幽隐莫发，数十年靡诉之衷，曾不得快然一吐，而使后起少年，推以多闻博学，其辱已甚，安得不掉首故乡，甘于客死！噫，可痛也！
>
> 斯言也，其足以表先生之墓矣夫。其铭曰：先生兀兀，佐王之学。云雷经纶，以屯被缚。渺然高风，寥天一鹤。重泉拜母，庶无愧怍。

顾炎武的故事，至此终止。

返回头来，说说隐士的事情。

顾炎武是我们这部书里的最后一位隐士，从某种意义上说，他也是中华隐士史上的最后一位隐士。但这并不是说在同期乃至以后中国就没有隐士了。最起码清代还有大量的或真或假的隐士。

那么为什么说顾炎武就是隐士史上的最后一位了呢？

因为到他为止，隐士史上的各种隐士就都已经齐备了。从此以后再没有新的类型的隐士出现了。

之后，我们拿出一个隐士，可以说：

"啊，这是伯夷、叔齐型。"

"那是严子陵型。"

"卢藏用型。"

再没有一个隐士不能被归类到之前的这些类型里了。从伯夷、叔齐而至于顾炎武，隐士们完成了自身的一个回归。

起先他们因为自己的政治诉求不能成立，退而隐居，但最后在国家民族的危急关头他们又连隐居都不能，不得不起而抗争，重新入世。顾炎武是最后一位隐士，也是入世的隐士。

从狭义的隐士概念来说，顾炎武并不吻合，像孟浩然那样天生的隐士日子，顾炎武可能一生都没经历。他少年时锐意读书，中晚年又始终致力于反清事业，行踪万里。脚步匆匆，生死只在须臾之间。历代隐士所褒扬推崇的那种从容与闲适，顾炎武是没有的。但他一生不受清朝官职，始终将自己的政治诉求乃至于学术独立在王朝之外，不肯融合。他的精神却又已经接近隐士的本源。

我们仍然认为顾炎武是中华隐士史上的杰出隐士，同时也是一个伟大的、值得我们永远铭记的人。